FUNDAMENTOS JURÍDICOS DO CONTRATO DE TRABALHO

SÉRIE ESTUDOS JURÍDICOS: DIREITO EMPRESARIAL E ECONÔMICO

inter
saberes

Tatiana Lazzaretti Zempulski

inter saberes

Rua Clara Vendramin, 58 . Mossunguê . Cep 81200-170 . Curitiba . PR . Brasil
Fone: (41) 2106-4170 . www.intersaberes.com . editora@intersaberes.com

Conselho editorial Dr. Ivo José Both (presidente), Dr. Alexandre Coutinho Pagliarini, Dr.ª Elena Godoy, Dr. Neri dos Santos, Dr. Ulf Gregor Baranow ▪ **Editora-chefe** Lindsay Azambuja ▪ **Gerente editorial** Ariadne Nunes Wenger ▪ **Assistente editorial** Daniela Viroli Pereira Pinto ▪ **Preparação de originais** Rodapé Revisões ▪ **Edição de texto** Mycaelle Albuquerque Sales e Larissa Carolina de Andrade ▪ **Capa** Luana Machado Amaro ▪ **Projeto gráfico** Mayra Yoshizawa ▪ **Diagramação e** *designer* **responsável** Luana Machado Amaro ▪ **Iconografia** Regina Claudia Cruz Prestes

Dados Internacionais de Catalogação na Publicação (CIP)
(Câmara Brasileira do Livro, SP, Brasil)

Zempulski, Tatiana Lazzaretti
 Fundamentos jurídicos do contrato de trabalho/ Tatiana Lazzaretti Zempulski. Curitiba: InterSaberes, 2021. (Série Estudos Jurídicos: Direito Empresarial e Econômico)

 Bibliografia.
 ISBN 978-65-89818-61-8

 1. Contrato de trabalho 2. Direito do trabalho - Brasil 3. Duração do trabalho – Brasil 4. Jornada de trabalho 5. Jurisprudência trabalhista - Brasil 6. Relações de trabalho I. Título. II. Série.

21-64456   CDU-34:331.116(81)

Índices para catálogo sistemático:
1. Brasil: Contratos de trabalho: Direito do trabalho 34:331.116(81)

Cibele Maria Dias – Bibliotecária – CRB-8/9427

1ª edição, 2021.

Foi feito o depósito legal.

Informamos que é de inteira responsabilidade da autora a emissão de conceitos.

Nenhuma parte desta publicação poderá ser reproduzida por qualquer meio ou forma sem a prévia autorização da Editora InterSaberes.

A violação dos direitos autorais é crime estabelecido na Lei n. 9.610/1998 e punido pelo art. 184 do Código Penal.

Sumário

11 ▪ *Apresentação*

Capítulo 1
17 ▪ **Sujeitos da relação empregatícia**
20 | Empregado
36 | Empregador
49 | Grupo econômico
50 | Dano extrapatrimonial

Capítulo 2
61 ▪ **Contrato de trabalho**
62 | Conceito de contrato de trabalho
67 | Duração do contrato de trabalho
76 | Terceirização
77 | Contratos especiais por prazo indeterminado
80 | Interrupção e suspensão do contrato de trabalho
85 | Férias
90 | Hipóteses de alteração do contrato de trabalho

Capítulo 3
95 ▪ **Duração da jornada**
100 | Controle da jornada de trabalho
106 | Espécies de jornada

115 | Horas extras
117 | Intervalos
125 | Descanso semanal remunerado

Capítulo 4
129 ▪ **Salário e remuneração: conceito e características**
133 | Espécies de salário
134 | Parcelas salariais
145 | Salário *in natura*
148 | Equiparação salarial
150 | Descontos no salário

Capítulo 5
159 ▪ **Estabilidades**
161 | Empregada gestante
164 | Empregado afastado por acidente de trabalho
168 | Empregado eleito dirigente sindical
170 | Empregado eleito pela Cipa
172 | Representante dos empregados nas empresas com mais de 200 funcionários
176 | Empregado eleito representante em cooperativas
176 | Empregado representante em Conselho Curador do FGTS
177 | Empregado representante no CNPS
177 | Reintegração

Capítulo 6
183 ▪ Extinção do contrato de trabalho
186 | Dispensa sem justa causa
189 | Despedida indireta
191 | Pedido de demissão
192 | Acordo ou distrato
194 | Dispensa discriminatória
197 | Extinção da empresa e falência do empregador
198 | Morte do empregado
198 | Dispensa por justa causa
215 | 13º salário na extinção do contrato de trabalho
216 | Aviso-prévio
220 | FGTS
221 | Seguro-desemprego

225 ▪ *Considerações finais*
229 ▪ *Lista de siglas*
231 ▪ *Referências*
247 ▪ *Respostas*
249 ▪ *Sobre a autora*

A meus queridos alunos e alunas.

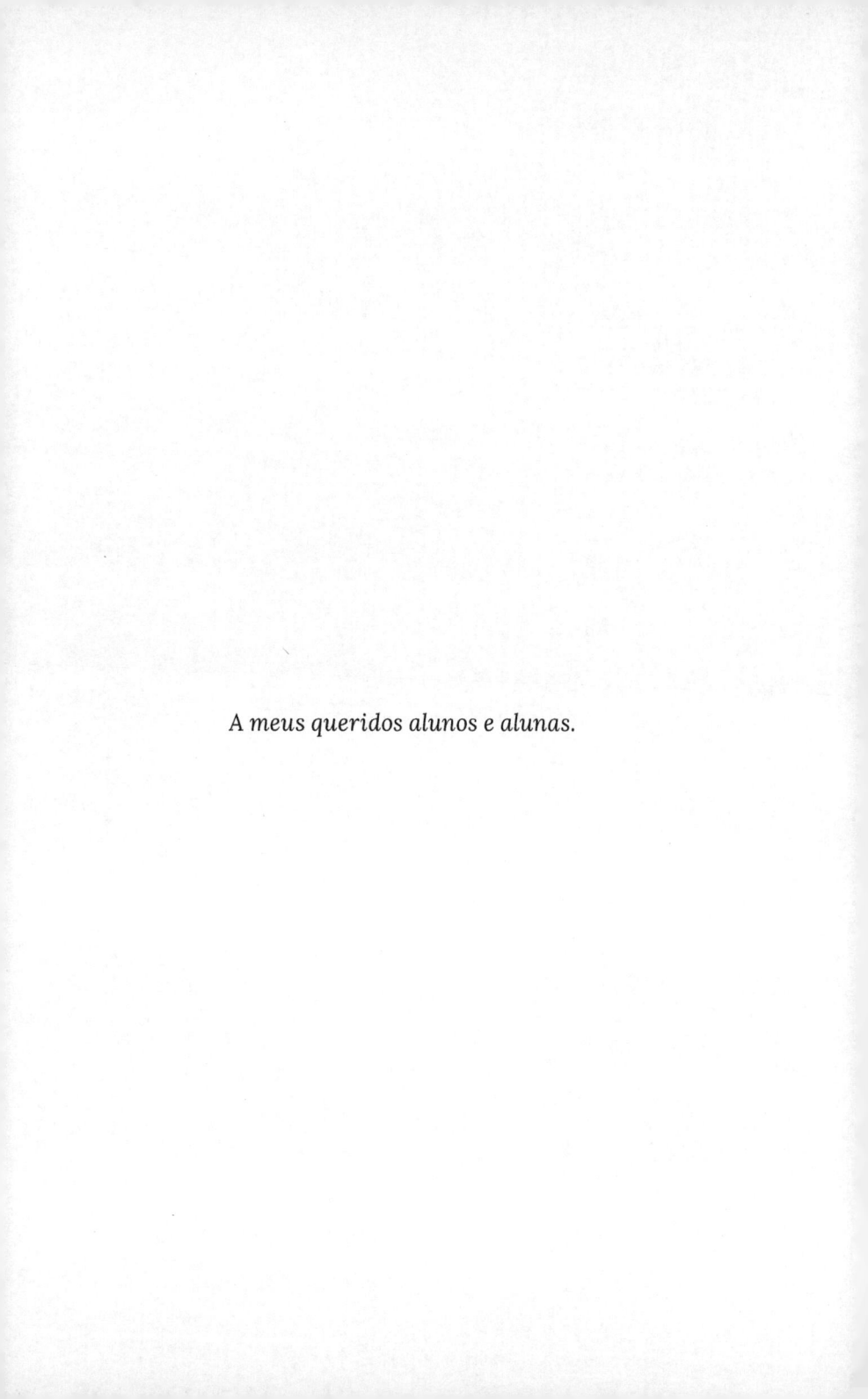

Apresentação

O estudo do direito do trabalho emerge da relação desigual entre o capital e o trabalho. Ao considerarmos o tema central desta obra, o contrato de trabalho, percebemos a necessidade de contextualizar para você um pouco da evolução do trabalho e sua regulamentação.

Na Antiguidade, o trabalho era escravo, e na Idade Média a riqueza provinha da posse de terras e da submissão à proteção dos senhores feudais. Por sua vez, na modernidade, destacavam-se as atividades de manufatura e mercantil, que se desenvolveram a ponto de expandir a indústria rudimentar e de desencadear a Revolução Industrial no século XVIII.

Nas palavras de Orlando Gomes e Elson Gottschalk (1995, p. 29), "foi somente quando caíram as algemas da escravidão, que a relação de trabalho se dignificou, começando a surgir com base num livre acordo de vontades. Sem liberdade individual não era possível, com efeito, surgir e envolver o Direito do Trabalho".

A Revolução Industrial é o marco de origem do direito do trabalho. Foi, portanto, a crescente necessidade de mão de obra nas fábricas, a partir do avanço industrial, que suscitou grandes modificações nas cidades, como a aglomeração do proletariado, a ascensão da burguesia representada pelos donos de indústrias e o desenvolvimento do capitalismo, o que trouxe consequências jurídicas, como a liberdade de contratação entre indivíduos livres (Gomes; Gottschalk, 1995).

Karl Marx defendia que as relações sociais sob o escudo do capitalismo são relações entre coisas, razão pela qual as pessoas estão sempre vendendo suas mercadorias. Os trabalhadores que não possuem capitais oferecem a própria força de trabalho como mercadoria aos empregadores, que, em troca disso, lhes dão uma contraprestação denominada *salário* (Morrison, 2006). Dessa forma, é estabelecida uma relação contratual desigual, pois o empregador detém o controle da atividade econômica e deve assumir seus riscos, embora muitas vezes, para proteger seu patrimônio, exceda e extrapole seu poder diretivo.

A exploração dos trabalhadores, das mulheres e das crianças, caracterizada por péssimas condições laborais, jornadas exaustivas e troca do trabalho pelo "pão", ensejou a criação de normas protetivas aos operários. Tanto é verdade, que a condição dos operários foi assunto da encíclica *Rerum novarum*, do Papa Leão XIII, em cuja introdução se abordam questões relacionadas ao progresso da indústria, bem como ao conflito entre patrões e operários (Leão XIII, Papa, 1891). Além disso, a referida encíclica define: "trabalhar é exercer a atividade com o fim de procurar o que requerem as diversas necessidades do homem, mas principalmente a sustentação da própria vida. 'Comerás o teu pão com o suor do teu rosto'" (Leão XIII, Papa, 1891).

Para entender o contrato de trabalho contemporâneo, é preciso saber que muitas lutas foram travadas, até mesmo para a criação de um órgão internacional preocupado com as questões operárias, a Organização Internacional do Trabalho (OIT) – fundada em 1919 e pertencente à Organização da Nações Unidas (ONU) –, cuja missão é promover oportunidades para que homens e mulheres tenham acesso ao trabalho decente em condições de liberdade, dignidade, equidade e segurança (OIT, 2021a). Nesse cenário, o direito do trabalho passou a ser reconhecido como um direito humano e converteu-se em direito fundamental positivado por vários países em suas constituições.

No Brasil, desde a Constituição do império e a abolição da escravatura, houve intensa formulação de leis trabalhistas específicas até a entrada em vigor da Consolidação das Leis do Trabalho (CLT) no ano de 1943, que foi considerada "um verdadeiro Código do Trabalho" e "vale retornar o argumento: CLT, aquela de 1943, como origem da legislação trabalhista e como reguladora das atuais relações de trabalho, não existe" (Souto Maior, 2017, p. 256-257).

Após esse fato, várias leis modificaram artigos da CLT, e a mudança mais radical ocorreu com a Lei n. 13.467, de 13 de julho de 2017, chamada de *Lei da Reforma Trabalhista* (RT), que "alterou a Consolidação das Leis do Trabalho (CLT) aprovada pelo Decreto-Lei nº 5.452, de 1º de maio de 1943, e as Leis nº 6.019, de 3 de janeiro de 1974, 8.036, de 11 de maio de 1990, e 8.212, de 24 de julho de 1991, a fim de adequar a legislação às novas relações de trabalho" (Brasil, 2017a). A Constituição Federal (CF) de 1988, por sua vez, apresenta um capítulo dedicado aos direitos sociais, positivando direitos individuais e coletivos dos trabalhadores urbanos e rurais.

Considerando-se o exposto, verifica-se que as relações de trabalho e de emprego se transformaram no tempo, e a tendência é que, em uma era de alta tecnologia como a recente, tornem-se mais flexíveis. Nesse contexto, já se fala de uma sociedade 5.0, na qual se pensa um modelo social mais inclusivo e centrado no bem-estar das pessoas, que serão incentivadas a adquirir e aprimorar conhecimentos e habilidades com o surgimento de novas profissões e novos paradigmas nas relações de trabalho (Alves, 2019).

Assim, elaboramos esta obra com base na análise da lei, da doutrina e da jurisprudência: a Constituição Federal de 1988, as leis trabalhistas especiais, a CLT, a consulta aos clássicos do direito do trabalho e, também, aos doutrinadores contemporâneos, bem como o exame de vários assuntos conforme o posicionamento do Tribunal Superior do Trabalho (TST) e do Supremo Tribunal Federal (STF).

Nesse sentido, dividimos este livro em 6 capítulos, utilizando a lei, a doutrina e a jurisprudência para o entendimento do conteúdo. No Capítulo 1, dedicamo-nos aos sujeitos da relação empregatícia: empregador e empregado e suas espécies. No Capítulo 2, versamos sobre o contrato de trabalho, seus tipos e suas modalidades especiais, assim como as causas de alteração, interrupção e suspensão desse instrumento. No Capítulo 3, tratamos das espécies e durações da jornada de trabalho, das horas extras, dos intervalos intra e interjornada e do descanso semanal remunerado. No Capítulo 4, abordamos os tópicos salário e remuneração, parcelas salariais e salário *in natura*. No Capítulo 5, por sua vez, enfocamos a estabilidade no contrato de trabalho. Por fim, no Capítulo 6, discorremos sobre as formas de extinção do contrato de trabalho, Fundo de Garantia do Tempo de Serviço (FGTS) e seguro-desemprego.

Ao final de cada capítulo, apresentamos questões atuais da Ordem dos Advogados do Brasil (OAB) acerca dos temas discutidos.

Desejamos uma ótima leitura!

Capítulo 1

Sujeitos da relação empregatícia

Para que uma relação de emprego tenha início, é necessário que existam vagas disponíveis, que são, geralmente, divulgadas em sites de grandes empresas, editais de processos seletivos, redes sociais especializadas, jornais, revistas e sistemas das agências de emprego. A pessoa interessada na vaga pode, então, completar um cadastro, enviar seu currículo e, de acordo com suas qualificações, ser convocada para participar de um processo seletivo – se preenchidos todos os requisitos, o candidato poderá ser contratado.

Você consegue identificar quem são os sujeitos dessa e de outras relações empregatícias? Trata-se do empregado e do empregador. Esses sujeitos também podem estabelecer relações jurídicas pautadas na prestação de trabalho humano existente, genérica, o que abarca vínculos de emprego, de trabalho eventual, autônomo, em cooperativas e voluntário, assim como estágio e atuação na administração pública (Delgado, 2017). Na relação de trabalho encontramos todas as formas de prestação de serviços, entre os quais se incluem os regidos pelas normas cíveis (Vianna, 2014).

O que diferencia a relação de trabalho da relação de emprego? Na relação de emprego existem requisitos previstos e regulamentados pela Consolidação das Leis do Trabalho (CLT), que foi aprovada pelo Decreto-Lei n. 5.452, de 1º de maio de 1943 (Brasil, 1943) – espécie de relação que engloba todas as relações jurídicas com e sem vínculo laboral.

Assim, verifica-se que na relação de emprego estão presentes a pessoalidade, a não eventualidade, a onerosidade e a subordinação. O conceito de empregado pode ser encontrado no *caput* do art. 3º da CLT, conforme o qual: "Considera-se empregado toda pessoa física que prestar serviços de natureza não eventual a empregador, sob a dependência deste e mediante salário" (Brasil, 1943).

Quando se fala de **pessoalidade**, faz-se referência à pessoa física – empregado – que vai prestar serviços. A **não eventualidade**, por sua vez, caracteriza-se pela habitualidade com a qual o empregado ordena seu trabalho, e ocorre pela frequência deste, que pode ser uma jornada preestabelecida contratualmente. A **onerosidade** verifica-se pelo pagamento do trabalho por meio de salário; ao passo que a **subordinação** compreende as normas e as regras inerentes ao contrato de trabalho.

Portanto, "os arts. 2º e 3º da CLT relacionam todos os requisitos necessários para a configuração da relação de emprego" (Cassar, 2018a, p. 19), e nessa relação figuram os sujeitos *empregado* e *empregador*.

Dessa maneira, quanto à pessoalidade, a interpretação legal dispõe que, para que se considere empregado, é obrigatório que este seja uma pessoa física. A prestação de serviços por uma pessoa jurídica não apresenta essa qualidade, pois não leva em consideração as qualificações do trabalhador: "este é o caráter pessoal da relação de emprego, a escolha da pessoa do empregado, e não do serviço" (Cassar, 2018b, p. 30).

— 1.1 —
Empregado

O empregado, como um dos sujeitos da relação de emprego, pode ser conceituado como "toda pessoa física que prestar serviços de natureza não eventual a um empregador, sob a dependência deste e mediante salário" (Brasil, 1943).

Ainda, para Delgado (2017, p. 392), "empregado é toda pessoa natural que contrate, tácita ou expressamente, a prestação de seus serviços a um tomador, a este efetuados com pessoalidade, onerosidade, não eventualidade e subordinação". Portanto, "o que distingue a relação de emprego, o contrato de emprego, o empregado, de outras figuras sociojurídicas próximas, repita-se, é o modo de concretização dessa obrigação de fazer" (Delgado, 2017, p. 393).

A Constituição Federal (CF) de 1988 (Brasil, 1988a), em seu art. 7º, inciso XXXII, proíbe a distinção entre trabalho manual, técnico e intelectual ou entre profissionais. Logo, podem ser considerados empregados: músicos; jornalistas; professores; médicos; cirurgiões; dentistas; engenheiros; artistas; economistas; funcionários na alta gerência; diretores; empregados doméstico e rural; índios; aprendizes (Delgado, 2017); empregados em domicílio; de teletrabalho; e mães sociais (Nascimento; Nascimento, 2018).

Na contemporaneidade, pode-se constatar a existência de novas formas de trabalho, como os motoristas de aplicativos como Uber, Cabifye BlaBlaCar, além de outros aplicativos de transporte compartilhado. Nesse contexto se discute se esse motorista é, de fato, empregado ou trabalhador autônomo.

O Tribunal Superior do Trabalho (TST) julgou o pedido de um trabalhador de aplicativo que pleiteou o reconhecimento de vínculo com a empresa Uber, o qual foi negado na primeira e na segunda instâncias, conforme se lê em:

> I. Discute-se a possibilidade de reconhecimento de vínculo de emprego entre motorista profissional que desenvolve suas atividades com utilização do aplicativo de tecnologia "Uber" e a sua criadora, Uber do Brasil Tecnologia Ltda. II. Pelo prisma da transcendência, trata-se de questão jurídica nova, uma vez que se refere à interpretação da legislação trabalhista (arts. 2º, 3º, e 6º, da CLT), sob enfoque em relação ao qual ainda não há jurisprudência consolidada no âmbito do Tribunal Superior do Trabalho ou em decisão de efeito vinculante no Supremo Tribunal Federal. Logo, reconhece-se a transcendência jurídica da causa (art. 896-A, § 1º, IV, da CLT). III. Na hipótese, o Tribunal Regional manteve, pelos próprios fundamentos, a sentença em que se reconheceu a condição de trabalhador autônomo do Reclamante. No particular, houve reconhecimento na instância ordinária de que o Reclamante ostentava ampla autonomia na prestação de serviços, sendo dele o ônus da atividade econômica. Registrou-se, ainda, a ausência de subordinação do trabalhador para com a Reclamada, visto que "o autor não estava sujeito ao poder diretivo, fiscalizador e punitivo da ré". Tais premissas são insusceptíveis de revisão ou alteração nessa instância extraordinária, conforme entendimento consagrado na Súmula nº 126 do TST.

IV. A relação de emprego definida pela CLT (1943) tem como padrão a relação clássica de trabalho industrial, comercial e de serviços. As novas formas de trabalho devem ser reguladas por lei própria e, enquanto o legislador não a edita, não pode o julgador aplicar indiscriminadamente o padrão da relação de emprego. O contrato regido pela CLT exige a convergência de quatro elementos configuradores: pessoalidade, onerosidade, não eventualidade e subordinação jurídica. Esta decorre do poder hierárquico da empresa e se desdobra nos poderes diretivo, fiscalizador, regulamentar e disciplinar (punitivo). O enquadramento da relação estabelecida entre o motorista de aplicativo e a respectiva plataforma deve se dar com aquela prevista no ordenamento jurídico com maior afinidade, como é o caso da definida pela Lei nº 11.442/2007, do transportador autônomo, assim configurado aquele que é proprietário do veículo e tem relação de natureza comercial. O STF já declarou constitucional tal enquadramento jurídico de trabalho autônomo (ADC 48, Rel. Min. Roberto Barroso, DJE nº 123, de 18/05/2020), a evidenciar a possibilidade de que nem todo o trabalho pessoal e oneroso deve ser regido pela CLT. V. O trabalho pela plataforma tecnológica – e não para ela – não atende aos critérios definidos nos artigos 2º e 3º da CLT, pois o usuário-motorista pode dispor livremente quando e se disponibilizará seu serviço de transporte para os usuários-clientes, sem qualquer exigência de trabalho mínimo, de número mínimo de viagens por período, de faturamento mínimo, sem qualquer fiscalização ou punição por esta decisão do motorista, como constou das premissas fáticas incorporadas pelo acórdão Regional, ao manter a sentença de primeiro grau por seus próprios fundamentos, em procedimento sumaríssimo.

VI. Sob esse enfoque, fixa-se o seguinte entendimento: o trabalho prestado com a utilização de plataforma tecnológica de gestão de oferta de motoristas-usuários e demanda de clientes-usuários, não se dá para a plataforma e não atende aos elementos configuradores da relação de emprego previstos nos artigos 2º e 3º da CLT, inexistindo, por isso, relação de emprego entre o motorista profissional e a desenvolvedora do aplicativo, o que não acarreta violação do disposto no art. 1º, III e IV, da Constituição Federal. VII. Agravo de instrumento de que se conhece e a que se nega provimento. (Brasil, 2020d)

Nesse processo, o motorista de Uber é considerado trabalhador autônomo, pois opera por meio da plataforma, sem subordinação, e apenas quando quer trabalhar, não apresentando, então, os elementos de uma relação de emprego previstos no art. 3º da CLT (Brasil, 1943).

Outro caso que merece destaque é o do trabalhador que presta serviços para o jogo do bicho. O TST já se manifestou, por meio da Orientação Jurisprudencial (OJ) n. 199 da Seção de Dissídios Individuais – I (SBI-I) – com trecho reproduzido adiante –, pela impossibilidade de reconhecimento do contrato de trabalho, tendo em vista que o objeto da prestação de serviços é considerado atividade ilícita.

JOGO DO BICHO. CONTRATO DE TRABALHO. NULIDADE. OBJETO ILÍCITO.

É nulo o contrato de trabalho celebrado para o desempenho de atividade inerente à prática do jogo do bicho, ante a ilicitude de seu objeto, o que subtrai o requisito de validade para a formação do ato jurídico. (Brasil, 2010, grifo do original)

Atualmente algumas atividades autônomas são exercidas nas redes sociais. Por exemplo, pessoas promovem marcas de produtos de beleza, roupas e alimentos, as quais são chamadas de *influencers* digitais. Por meio de vídeos, uma subcategoria desses profissionais, os *youtubers*, também promove eventos, produtos e até cursos em variadas áreas. Observa-se, portanto, o aumento de atividades autônomas que não se enquadram em um contrato de trabalho, razão pela qual os trabalhadores nelas envolvidos não são definidos como empregados.

O estudo de algumas espécies de empregados, como os detentores de cargos de confiança, é importante a fim de que se possam perceber as grandes diferenças entre eles.

— 1.1.1 —
Empregado detentor de cargo de confiança

Os empregados que desempenham funções de chefia ou de confiança em virtude do contrato de trabalho são regidos pelo art. 62, inciso II, da CLT, conforme o qual: "os gerentes, assim considerados os exercentes de cargos de gestão, aos quais se equiparam, para efeito do disposto neste artigo, os diretores e chefes de departamento ou filial", não precisam ter controle de jornada, e o salário deve compreender uma gratificação de, no mínimo, 40% sobre o salário-base (Brasil, 1943). Nesse sentido, merece especial destaque a Súmula n. 102, de 31 de maio de 2011, do TST, que confirma a função de confiança dos gerentes gerais bancários:

> **BANCÁRIO. CARGO DE CONFIANÇA [...].**
>
> I – A configuração, ou não, do exercício da função de confiança a que se refere o art. 224, § 2º, da CLT, dependente da prova das reais atribuições do empregado, é insuscetível de exame mediante recurso de revista ou de embargos. [...]
>
> II – **O bancário que exerce a função a que se refere o § 2º do art. 224 da CLT e recebe gratificação não inferior a um terço de seu salário já tem remuneradas as duas horas extraordinárias excedentes de seis.** [...]
>
> III – Ao bancário exercente de cargo de confiança previsto no artigo 224, § 2º, da CLT são devidas as 7ª e 8ª horas, como extras, no período em que se verificar o pagamento a menor da gratificação de 1/3. [...]
>
> IV – O bancário sujeito à regra do art. 224, § 2º, da CLT cumpre jornada de trabalho de 8 (oito) horas, sendo extraordinárias as trabalhadas além da oitava. [...]
>
> V – O advogado empregado de banco, pelo simples exercício da advocacia, não exerce cargo de confiança, não se enquadrando, portanto, na hipótese do § 2º do art. 224 da CLT. [...]
>
> VI – O caixa bancário, ainda que caixa executivo, não exerce cargo de confiança. Se perceber gratificação igual ou superior a um terço do salário do posto efetivo, essa remunera apenas a maior responsabilidade do cargo e não as duas horas extraordinárias além da sexta. [...]

VII – O bancário exercente de função de confiança, que percebe a gratificação não inferior ao terço legal, ainda que norma coletiva contemple percentual superior, não tem direito à sétima e oitava horas como extras, mas tão somente às diferenças de gratificação de função, se postuladas. (Brasil, 2011f, grifo nosso)

Importante, a Súmula n. 287, de 21 de novembro de 2003, do TST, a qual dispõe:

JORNADA DE TRABALHO. GERENTE BANCÁRIO.
A jornada de trabalho do empregado de banco gerente de agência é regida pelo art. 224, § 2º, da CLT. Quanto ao gerente-geral de agência bancária, presume-se o exercício de encargo de gestão, aplicando-se-lhe o art. 62 da CLT. (Brasil, 2003m, grifo do original)

Assim, concluiu-se que os postos de gestão correspondem à modalidade do empregado com cargo de confiança, tendo em vista os encargos atribuídos.

— 1.1.2 —
Empregado público

O empregado público é "aquele que presta serviço para a Administração Pública e é regido pelo regime trabalhista federal (CLT e outras normas)" (Cavalcante, 2002, p. 62), sendo admitido com o fito de trabalhar para a União, os estados, os municípios, as autarquias e as fundações. Sua atuação não é orientada por leis que instituem regras para os servidores públicos (Martins, 2005).

De acordo com o art. 37, inciso II, da CF de 1988 (Brasil, 1988a), para trabalhar nessa esfera, mesmo que indiretamente, o sujeito precisa ser aprovado em concurso público. Isso é reiterado pelo art. 2º da Lei n. 9.962, de 22 de fevereiro de 2000 (Brasil, 2000a), o qual estabelece que "a contratação de pessoal para emprego público deverá ser precedida de concurso público de provas ou de provas e títulos, conforme a natureza e a complexidade do emprego".

Nessa direção, a Súmula n. 430, de 15 de fevereiro de 2005, do TST, determina a nulidade da contratação sem concurso público:

> **ADMINISTRAÇÃO PÚBLICA INDIRETA. CONTRATAÇÃO. AUSÊNCIA DE CONCURSO PÚBLICO. NULIDADE. ULTERIOR PRIVATIZAÇÃO. CONVALIDAÇÃO. INSUBSISTÊNCIA DO VÍCIO.**
>
> Convalidam-se os efeitos do contrato de trabalho que, considerado nulo por ausência de concurso público, quando celebrado originalmente com ente da Administração Pública Indireta, continua a existir após a sua privatização. (Brasil, 2005e, grifo do original)

Nas empresas públicas que exploram atividade econômica ou prestam serviços públicos, como é o caso da Petrobrás e dos Correios, a contratação é feita pelo regime de emprego público, assim como nas sociedades de economia mista, agências reguladoras, fundações e autarquias públicas que fazem parte da administração pública indireta e devem prestar contas para o Estado.

— 1.1.3 —
Empregado rural

O trabalhador rural pode ser contratado com o reconhecimento de vínculo empregatício por meio de anotação na Carteira de Trabalho e Previdência Social (CTPS). Em várias localidades no Brasil, porém, ainda se encontra a figura do "boia-fria", trabalhador rural não registrado.

Para esse trabalhador aplicam-se a Lei n. 5.889, de 8 de junho de 1973 (conhecida como **Lei do Trabalhador Rural**), e o Decreto n. 73.626, de 12 de fevereiro de 1974 (Brasil, 1973, 1974), e não a CLT. A CF de 1988 equiparou os direitos trabalhistas e previdenciários entre empregados urbanos e rurais (Brasil, 1988a). A Lei n. 5.889/1973, no art. 2º, disciplina que "o empregado rural é a pessoa física que presta serviços de natureza não eventual, sob a dependência do empregador, com direito a salário em propriedade rural ou prédio rústico" (Brasil, 1973).

O enquadramento do empregado como rural vem sendo discutido pela doutrina e pela jurisprudência. Para Maurício

Godinho Delgado (2017), mesmo que ocorra o processo de industrialização pelo empregador com maquinário, instalações e métodos comerciais, se a atividade essencial for agroeconômica, considera-se a aplicação da Lei do Trabalhador Rural.

O empregado rural tem direito à salário mínimo, ao recolhimento do Fundo de Garantia do Tempo de Serviço (FGTS), aos recolhimentos previdenciários feitos pelo empregador, ao usufruto de intervalos intrajornada e interjornada (art. 5º da Lei n. 5.889/1973), bem como ao pagamento de adicional noturno no percentual de 25% – na agricultura, considera-se noturno o trabalho realizado das 21 h às 5 h e, na pecuária, das 20 h às 4 h (art. 7º da Lei n. 5.889/1973) (Brasil, 1973).

Do salário do empregado rural que residir no local de trabalho somente podem ser descontados o percentual máximo de 20% a título de moradia, pela ocupação, e o percentual de 25% a título de alimentação. Encontra-se disciplinado no art. 9º da Lei do Trabalhador Rural (Brasil, 1973):

> Art. 9º Salvo as hipóteses de autorização legal ou decisão judiciária, só poderão ser descontadas do empregado rural as seguintes parcelas, calculadas sobre o salário mínimo:
>
> a) até o limite de 20% (vinte por cento) pela ocupação da morada;
>
> b) até o limite de 25% (vinte por cento) pelo fornecimento de alimentação sadia e farta, atendidos os preços vigentes na região;
>
> c) adiantamentos em dinheiro.

§ 1º As deduções acima especificadas deverão ser previamente autorizadas, sem o que serão nulas de pleno direito.

§ 2º Sempre que mais de um empregado residir na mesma morada, o desconto, previsto na letra "a" deste artigo, será dividido proporcionalmente ao número de empregados, vedada, em qualquer hipótese, a moradia coletiva de famílias.

§ 3º Rescindido ou findo o contrato de trabalho, o empregado será obrigado a desocupar a casa dentro de trinta dias.

§ 4º O Regulamento desta Lei especificará os tipos de morada para fins de dedução.

§ 5º A cessão pelo empregador, de moradia e de sua infraestrutura básica, assim, como, bens destinados à produção para sua subsistência e de sua família, não integram o salário do trabalhador rural, desde que caracterizados como tais, em contrato escrito celebrado entre as partes, com testemunhas e notificação obrigatória ao respectivo sindicato de trabalhadores rurais.

Trabalhadores menores de 16 anos não podem trabalhar como empregados rurais, em observância ao instituído no art. 7º, inciso XXXIII, da CF de 1988.

— 1.1.4 —
Empregado doméstico

Esta modalidade de empregado demorou muito tempo para ter seus direitos plenamente reconhecidos na CF de 1988 e também por outros instrumentos; no caso, a Lei Complementar n. 150, de 1º de junho de 2015 (Brasil, 2015a).

O trabalho doméstico sempre teve um papel importante na sociedade brasileira. A princípio, a economia do país apoiou-se na agricultura, com o trabalho escravo de mulheres negras escolhidas na senzala para prestar serviços na "casa grande". Em vez de salário, que não recebiam, tinham a oportunidade de realizar afazeres domésticos, que seriam menos árduos do que o trabalho na lavoura.

Nas palavras de Jorge Luiz Souto Maior (2017, p. 51):

> Não é incomum, em um debate sobre relações de trabalho, expressarem-se opiniões que apontam a ingratidão do trabalhador ao ter ingressado com uma reclamação trabalhista perante a Justiça para buscar obter direitos considerando-se que este trabalhador, desconhece o "favor" que lhe fora feito pelo empregador quando lhe "deu" um trabalho. Quando o debate se faz a respeito do trabalho doméstico, então esse resquício cultural escravagista se apresenta em maior evidência.

Perguntamos, então: Quem é o empregado doméstico? Do século XIX até o início da década de 1970, quando foi editada a Lei n. 5.859, de 11 de dezembro de 1972 (Brasil, 1972), que regulamentava a profissão, esse trabalhador era escravo ou, em algumas situações, remunerado, mas sem registro. Com o advento da CF de 1988, os empregados domésticos passaram a ser incluídos no rol de profissões do art. 7º. Antes disso, eram frequentes relatos de crianças nascidas em famílias pobres e numerosas e cedidas por seus pais para famílias com melhores condições, com o pretexto de que seriam "adotadas" informalmente, mas o intuito real era de exploração como trabalhadoras domésticas.

Em dezembro de 2020, após denúncia de moradores de um condomínio na cidade de Patos de Minas (MG), uma mulher foi resgatada de uma residência na qual vivia desde os 8 anos de idade como trabalhadora doméstica, sem registro nem salário, tampouco outros direitos trabalhistas (Mulher..., 2020).

A figura da "diarista" que presta serviços algumas vezes na semana, no entanto, sem o registro na CTPS, não era considerada a de uma empregada detentora de direitos trabalhistas. A Lei Complementar n. 150/2015 caracteriza, em seu art. 1º, empregado doméstico como a pessoa física que presta serviços a um empregador (também pessoa física) ou à família, sem finalidade lucrativa, por mais de 2 dias na semana, de forma contínua e subordinada, e com recebimento de salário no âmbito residencial, sendo proibida a contratação de menores de 18 anos.

O registro do início da prestação de serviços deve ser feito em CTPS, no prazo de 48 horas, de acordo com o art. 9º da referida lei. Os empregados domésticos podem oferecer serviços de limpeza, cuidado de idosos e crianças, alimentação, jardinagem, segurança e outros.

Na atuação em residências, a maioria das contratações é de mulheres, razão pela qual, antes do advento da Lei Complementar n. 150/2015, com a modificação do art. 7º, parágrafo único da

CF de 1988, a Emenda Constitucional n. 72, de 2 de abril de 2013 (Brasil, 2013b), foi apelidada de PEC *das domésticas*.

As empregadas domésticas têm direito à licença-maternidade de 120 dias e, também, à estabilidade provisória, conforme art. 25 da Lei Complementar n. 150/2015. Ademais, aqueles contratados como domésticos têm direito ao recebimento de, pelo menos, o salário mínimo nacional ou estadual, qual for o mais benéfico.

Devem ocorrer o controle de jornada (escrito, mecânico ou eletrônico) e a fixação de sua duração até o máximo de 44 horas semanais e 8 horas diárias, salvo se ocorrer compensação, com estipulação de intervalos intra e entrejornadas. Ainda, é assegurado ao empregado o usufruto de repouso semanal remunerado, de acordo com o art. 2º da Lei Complementar n. 150/2015. Com base no art. 11 desse instrumento legal, então, as horas extras devem ser pagas com o adicional mínimo de 50% sobre a hora normal, e o pagamento de remuneração-hora do serviço em viagem deve ser, no mínimo, 25% superior ao valor do salário-hora normal (Brasil, 2015a).

O empregado doméstico tem "direito a férias anuais remuneradas de 30 (trinta) dias, com acréscimo de, pelo menos, um terço do salário normal, após cada período de 12 (doze) meses de trabalho prestado à mesma pessoa ou família" (Brasil, 2015a, art. 3º). Soma-se a isso a garantia do recolhimento do FGTS, assim como, se a extinção do contrato de trabalho ocorrer sem justa causa, do recebimento da multa de 40%.

É importante destacar que é proibido "ao empregador doméstico efetuar descontos no salário do empregado por fornecimento de alimentação, vestuário, higiene ou moradia, bem como por despesas com transporte, hospedagem e alimentação em caso de acompanhamento em viagem" (Brasil, 2015a, art. 18).

— 1.1.5 —
Teletrabalho

Com o advento da Lei n. 13.467, de 13 de julho de 2017 (Brasil, 2017a), foi incluído na CLT o Capítulo II-A, que trata da prestação de serviços do empregado no regime de teletrabalho, a partir do art. 75-A ao 75-E.

De acordo com a CLT, teletrabalho é a prestação de serviços com a utilização de tecnologia da informação e fora das dependências do empregador. O parágrafo único esclarece, ainda, que o comparecimento ao local de trabalho para a realização de atividades específicas não descaracteriza o regime de teletrabalho.

A prestação de serviços nesse regime deve ser, obrigatoriamente, descrita na relação das atividades desempenhadas pelo empregado, no contrato individual de trabalho. Se o empregador decidir modificar a função do empregado para teletrabalho, deve fazê-lo por meio de aditivo contratual, respeitando o prazo mínimo de 15 dias (Brasil, 2017a, art. 75-C).

Outra questão fundamental diz respeito ao fornecimento de equipamentos tecnológicos e de infraestrutura necessários para o trabalho, bem como a sua manutenção, e ao reembolso das despesas do empregado, que devem ser previstas no contrato. Caso seja paga uma ajuda de custo relativa a internet ou ocorra o reembolso pela aquisição de recursos, essas despesas não integrarão a remuneração do empregado (Brasil, 2017a, art. 75-D).

— 1.1.6 —
Trabalho em domicílio

A partir do ano de 2020, verificou-se um deslocamento expressivo de empregados que trabalhavam em estabelecimentos empresariais, como bancos, escritórios, fábricas, escolas e universidades, para o trabalho em casa. Tal "êxodo" foi motivado pela pandemia de Covid-19, que suscitou mudanças de comportamento em toda a população brasileira e mundial.

Para não ocorrer paralisação total de vários segmentos da economia, o trabalho no domicílio do empregado tornou-se alternativa viável, com exceção de algumas atividades essenciais, como saúde, comércio de alimentos, combustível e medicamentos, limpeza e segurança, cujos trabalhadores continuaram comparecendo ao local de trabalho.

Várias empresas já haviam aderido a essa modalidade de trabalho, principalmente nas grandes cidades, em que o deslocamento do empregado da própria residência para o local de trabalho, muitas vezes, era demorado e muito cansativo, prejudicando sua produtividade.

Sobre o exposto, a CLT, em seu art. 6º, cita que não há diferença entre o trabalho prestado no domicílio do empregado e o executado no estabelecimento do empregador, desde que existam os pressupostos da relação de emprego. Para fins de subordinação, os meios informatizados de supervisão e controle são equiparados aos meios pessoais e diretos por parte do empregador (Brasil, 1943). O art. 83 desse dispositivo dispõe que "é devido o salário mínimo ao trabalhador em domicílio, considerado este como o executado na habitação do empregado ou em oficina de família, por conta de empregador que o remunere" (Brasil, 1943).

Mascaro (citado por Nascimento; Nascimento, 2018, p. 218) entende que "são três os elementos que caracterizam o teletrabalho: a) é uma atividade a distância do perímetro em que os seus resultados foram esperados; b) quem dá as ordens não pode controlar fisicamente a execução da tarefa; c) o controle é indireto, feito com base nos resultados".

Ainda com relação à natureza do teletrabalho, este pode ser configurado quando houver subordinação e pode efetivar-se por meio da prestação de serviços de trabalhadores autônomos e eventuais (Nascimento; Nascimento, 2018).

— 1.2 —

Empregador

O art. 2º da CLT concebe empregador como "a empresa, individual ou coletiva, que, assumindo os riscos da atividade econômica, admite, assalaria e dirige a prestação pessoal de serviço".

Também são equiparados ao empregador as instituições de beneficência, os profissionais liberais, as associações recreativas e outras associações sem fins lucrativos que possam contratar empregados (Brasil, 1943).

O art. 15 da Lei n. 8.036, de 11 de maio de 1990, reconhece que as pessoas jurídicas de direito público podem ser empregadoras:

> Art. 15. [...].
>
> § 1º Entende-se por empregador a pessoa física ou a pessoa jurídica de direito privado ou de direito público, da administração pública direta, indireta ou fundacional de qualquer dos Poderes, da União, dos Estados, do Distrito Federal e dos Municípios, que admitir trabalhadores a seu serviço, bem assim aquele que, regido por legislação especial, encontrar-se nessa condição ou figurar como fornecedor ou tomador de mão de obra, independente da responsabilidade solidária e/ou subsidiária a que eventualmente venha obrigar-se. (Brasil, 1990a)

Entende-se que "empregador não é a empresa – ente que não configura, obviamente, sujeito de direitos na ordem jurídica brasileira". Trata-se, na verdade, da "pessoa física, jurídica ou ente despersonificado titular da empresa ou estabelecimento" (Delgado, 2017, p. 458).

É pertinente destacar que o empregador arca com o risco empresarial e, também, detém o poder empregatício, que pode ser conceituado como: "o conjunto de prerrogativas com respeito à direção, regulamentação, fiscalização e disciplinamento da economia interna à empresa e correspondente prestação de serviços" (Delgado, 2017, p. 749).

— 1.2.1 —
Poder de vigilância e controle do trabalho pelo empregador[1]

O empregador detentor dos meios de produção utiliza-se do controle e da vigilância da fábrica e de seus empregados desde o século XIX, como no modelo do panóptico de Bentham, que é uma máquina maravilhosa que, a partir dos desejos mais diversos, "fabrica efeitos homogêneos de poder" (Foucault, 1999, p. 167).

Assim, o sistema de vigilância e de controle onisciente controla sem ser visto, como forma de disciplinar e fiscalizar. Ele era a chave para a administração de prisioneiros cujas escolhas eram reduzidas ao cumprimento de ordens, sob pena de aplicação de castigos e falta de comida, e de empregados fadados ao trabalho repetitivo e massacrante (Bauman, 2013).

Para Michael Foucault (1999), o panóptico é um local privilegiado e um aparelho de controle por meio do qual o diretor pode espionar todos os empregados em operação, assim como comandar todo o estabelecimento. Nessa perspectiva, muitos estudos foram empreendidos para demonstrar quais seriam as

---

1 Este tópico foi adaptado da dissertação de mestrado da autora (Zempulski, 2014).

consequências dessa prática de vigilância no ambiente de trabalho, assim como as formas de organização do trabalho.

Bauman (2013), ao analisar Max Weber, verifica que, dentro da organização, qualquer problema de ordem pessoal que não fosse relacionado ao trabalho, ou ao regulamento da empresa, deveria ser deixado na entrada e " recolhido" somente ao final da jornada. Assim, os problemas resultantes do trabalho e as formas de opressão decorrentes da jornada exaustiva refletem-se na forma pela qual os empregados são contratados para laborar em determinadas funções, em cuja execução devem aplicar energia e força de trabalho, se entregar de corpo e alma sem questionar qual será o resultado desse processo (Weil, 1996).

Observa-se que, no sistema taylorista, foi desenvolvido um sistema denominado "organização científica do trabalho", em que a "preocupação primordial era encontrar os meios de forçar os operários a darem à fábrica o máximo de sua capacidade de trabalho" (Weil, 1996, p. 141). Por isso, como consequência do trabalho repetitivo em que o empregado recebe pelo número de peças criadas, quanto mais ele produzir, maior será seu salário a cada quinzena. O "operário está desesperadamente só" (Dejours, 2011, p. 39) no sistema taylorista, uma vez que, apesar de atuar em meio a uma colmeia, comunicar-se com os outros operários é proibido, o que lhe acarreta tédio e ansiedade, e o trabalho passa a ser causa de sofrimento.

No sistema atual de trabalho em domicílio, por exemplo, o empregado trabalha completamente sozinho, já que seu contato com colegas é apenas virtual. Nesse contexto, as consequências da forma como são organizadas as fábricas vão além da jornada de trabalho e influenciam também a vida privada do empregado e

> especialmente da família e do relacionamento entre sexos; o triste enfraquecimento provocado pelo trabalho de fábrica deixa um vazio que exige ser preenchido, e que só pode sê-lo por prazeres rápidos e brutais, e a corrupção resultante disso é contagiosa para todas as classes da sociedade. (Weil, 1996, p. 175)

A servidão dos funcionários é de 24 horas diárias, com a vigilância deles mesmos. Esta vai além do panóptico de Bentham, já que os empregados passam a ser autovigilantes, sendo um erro fatal a desconexão por computador e telefone celular, o que suspende a condição de disposição permanente ao superior hierárquico (Bauman, 2013).

A inexistência de conexão permanente pode ser vista como falta de comprometimento com o trabalho no caso do empregado que não responder a uma mensagem enviada pelo superior hierárquico por meio do WhatsApp fora do horário de trabalho. No entanto, se for analisado o contrato de trabalho, responder às mensagens nesse cenário pode acarretar pagamento de horas extras.

> Outro aspecto resultante dessa utilização excessiva de tecnologia é a chamada "telepressão". O termo é reflexo da superconectividade das pessoas aos meios informatizados da atualidade. É utilizado como referência à necessidade de se manter

conectado com o trabalho e responder rapidamente ao chefe, colegas ou clientes, mesmo que se esteja nos horários de folga ou no período de férias. (Fincato; Frank, 2020, p. 77)

O poder do empregador acaba tendo influência para além dos muros das fábricas. Embora a tecnologia fomente um avanço impressionante em vários setores, também provoca a escravização dos trabalhadores não por meio de esforço físico, mas pelo esgotamento psicológico.

Na próxima seção, enfocaremos o poder que o empregador tem sobre a gestão da empresa, que vai além do poder diretivo. Seguiremos, então, a doutrina de Delgado (2017), que traz a figura do poder empregatício, sendo este o gênero; e os demais – poderes diretivo, disciplinar, fiscalizador e regulamentar –, a espécie.

— 1.2.2 —
Poder empregatício

Um dos fundamentos do poder empregatício está relacionado com a propriedade privada (Delgado, 2017). Nesse sentido, para versar sobre o poder empregatício, deve-se observar que a função da empresa excede ser vista como ente que gera empregos, produz bens ou presta serviços.

Tal instituição deve se preocupar com os fornecedores e com a comunidade no geral (Bulgarelli, 2000). Em uma perspectiva mais solidarista, a empresa precisa ter por limite o cumprimento de certos deveres, como desempenhar uma função social que proporcione bem-estar, podendo ser caracterizada também como um direito individual de propriedade clássico romano (Pereira, 1995).

No ordenamento jurídico brasileiro, quanto à propriedade, vigorava um sistema em que esta era vista de forma absoluta. No entanto, esse conceito sofreu modificações a partir da promulgação do Código Civil de 1916 – ou seja, a Lei n. 3.071, de 1º de janeiro de 1916 (Brasil, 1916). Assim, surgem "novas tendências das concepções da propriedade, dirigida para finalidades eminentemente sociais, e arredada no individualismo que predominava quando da promulgação do Código Civil" (Rizzardo, 1991, p. 237-238). A CF de 1988 trouxe avanços quanto à concepção absolutista da propriedade privada. O art. 5, inciso XXII, da Carta Magna garante o direito à propriedade, desde que respeitada sua função social (art. 5, XXIII) (Rizzardo, 1991).

Não obstante isso, o doutrinador Evaristo de Moraes Filho (citado por Mesquita, 1991, p. 92) utiliza a expressão "empregador soberano" para dizer que "é o patrão o proprietário do seu negócio, julgando-se por isso o senhor dos céus e da terra". Dessa forma, "é no direito de propriedade que reside todo poder hierárquico e disciplinar". A justificativa do poder disciplinar está em "quem tem a propriedade deve ter o direito exclusivo de usá-la e dela desfrutar". Logo, "quem possui bens deve ter a direção dos mesmos" (Mesquita, 1991, p. 91). Justifica-se, por meio do poder hierárquico e disciplinar, a subordinação dos empregados às ordens e aos regulamentos empresariais, que vigoram em um espaço privado, pois a relação existente entre empregador e empregado consolida-se entre pessoas particulares (Mesquita, 1991).

O direito de direção geral oriundo do poder regulamentar e disciplinar elucida a subordinação do empregado, bem como autoriza ao empregador dispor de sua força de trabalho de acordo com o interesse da empresa. Como consequência desse poder, o empregado fica à disposição do empregador, se sujeita às sanções impostas em situações de descumprimento de ordens individuais ou gerais emanadas pelo empregador (Gomes; Gottschalk, 1995).

Contudo, não é possível prejudicar a integridade física e moral do empregado com a justificativa de defender a propriedade do empregador, como acontece nos casos de ofensa aos direitos da personalidade, como a intimidade, a privacidade, a imagem e outros.

Como declarou João Oreste Dalazen (2000, p. 594): "o poder de direção patronal está sujeito a limites inderrogáveis, como o respeito à dignidade do empregado e à liberdade que lhe é concedida no plano constitucional". Logo, "o trabalhador não pode ser colocado apenas a serviço de interesses econômicos de empresas e pessoas físicas que, sem escrúpulos, preocupam-se tão só com o aumento de lucros e redução de gastos" (Gomes, 2005, p. 135).

No contrato de trabalho, o empregado se sujeita ao poder diretivo do empregador, cumpre regras e ordens nele estipuladas, desde que dentro dos limites previstos em lei. Na CF de 1988, no art. 1º, inciso III, e no art. 5º, incisos V e X, encontram-se os limites quanto à dignidade e à honra do trabalhador. Assim, "a cobrança abusiva, desrespeitosa e grosseira por resultados extrapola os limites do poder diretivo do empregador e configura dano moral, passível de reparação" (Paraná, 2019).

A ficção de igualdade entre as partes do contrato de trabalho não pode mais ser mantida pelo legislador que se inclinou "para uma compensação dessa desigualdade econômica desfavorável ao trabalhador com uma proteção jurídica a ele favorável" (Plá Rodriguez, 2000, p. 85).

O empregador, conforme previsão legal, deve suportar o risco do empreendimento, sendo, portanto, detentor do poder empregatício, que se divide em poder diretivo (poder de gestão e organização da empresa), poder disciplinar, poder fiscalizador e poder regulamentar (Delgado, 2017), sobre os quais discorreremos na sequência.

Poder diretivo

O poder diretivo é caracterizado pelo exercício da organização e do poder de comando do empregador. É "a faculdade atribuída ao empregador de determinar o modo como a atividade do empregado, em decorrência do contrato de trabalho, deve ser exercida" (Nascimento; Nascimento, 2018, p. 268).

Segundo Delgado (2017, p. 751), "a concentração do poder de organização faz-se na figura do empregador. Isso se explica em face do controle jurídico sob diversos ângulos, que o empregador tem sobre o conjunto da estrutura empresarial". O poder diretivo é demonstrado quando "o empregador organiza a atividade do empregado, da forma que melhor corresponda para a realização dos fins que a empresa se destina" (Pavelski, 2009, p. 15). Esse poder não pode infringir os direitos de personalidade do empregado, sob pena de configurar dano a ele.

O empregador não pode aplicar sobre os trabalhadores poder ilimitado: trata-se de um fator decisivo ao desenvolvimento das atividades produtivas e pode ser delegado para empregados detentores de cargos de gerência, chefia e aqueles que demandem maiores responsabilidades. Logo, com o poder disciplinar, o empregador desfruta de um meio efetivo para cumprir suas metas" (Mandalozzo, 2010).

Poder disciplinar

Ao analisar este poder, Foucault (1999, p. 143) afirma: "o poder disciplinar é com efeito um poder que, em vez de se apropriar e de retirar, tem como função maior 'adestrar'; ou sem dúvida adestrar para retirar e se apropriar ainda mais e melhor".

Em outros termos, ele "é o poder que o empregador tem de aplicar punições aos empregados em caso de descumprimento de suas obrigações contratuais" (Resende, 2020, p. 393). Essas penalidades variam desde advertências escritas até suspensões disciplinares, tendo em vista que o empregado está subordinado às normas emanadas pelo contrato de trabalho. A penalidade máxima aplicada é a rescisão por justa causa.

Poder fiscalizador

O poder fiscalizador deriva do poder empregatício e deve ser utilizado pelo empregador para verificar se o empregado está cumprindo as normas empresariais. Ele corresponde a um "conjunto de prerrogativas dirigidas a propiciar o acompanhamento contínuo da prestação de serviços e a própria vigilância efetivada no espaço empresarial interno" (Delgado, 2017, p. 753). Diz respeito, então, a medidas como revistas, controle de portarias, prestação de contas, circuitos internos e controle de horários.

Exemplifica esse poder a prática de averiguar o uso de equipamento de proteção individual (EPI), a não utilização de aparelhos celulares, o emprego indevido de materiais de trabalho, o uso inadequado da imagem e da voz dos empregados, assim como o aproveitamento equivocado de dados pessoais dos empregados.

Por outro lado, o empregador ou seus prepostos não podem, por exemplo, proceder a revistas íntimas nas empregadas ou funcionárias, conforme dispõe o art. 373-A, inciso VI, da CLT:

> Art. 373A. Ressalvadas as disposições legais destinadas a corrigir as distorções que afetam o acesso da mulher ao mercado de trabalho e certas especificidades estabelecidas nos acordos trabalhistas, é vedado:
>
> [...]
>
> VI – proceder o empregador ou preposto a revistas íntimas nas empregadas ou funcionárias. (Brasil, 1943)

A Lei n. 13.271, de 15 de abril de 2016 (Brasil, 2016a), em seu art. 1º, determina que "As empresas privadas, os órgãos e entidades da administração pública, direta e indireta, ficam proibidos de adotar qualquer prática de revista íntima de suas funcionárias e de clientes do sexo feminino".

As revistas de bolsas e armários feitas pela empresa, desde que sejam dirigidas a todos os empregados e sem contato físico de qualquer natureza, não caracterizam dano moral, segundo entendimento majoritário do TST, cujo sentido transcreve-se na seguinte decisão:

> **RECURSO DE REVISTA INTERPOSTO PELO RECLAMADO ANTERIORMENTE À VIGÊNCIA DA LEI Nº 13.105/2014. REVISTA EM BOLSAS E ARMÁRIOS. INDENIZAÇÃO POR DANO MORAL. PRESUNÇÃO. ÔNUS DA PROVA.**
>
> I – A jurisprudência desta Corte Superior é firme no sentido de que o procedimento de revistas realizado nos pertences pessoais de todos os empregados, indiscriminadamente, sem contato físico, insere-se no âmbito do poder diretivo e fiscalizatório do empregador, não gerando constrangimento apto a ensejar dano moral indenizável.
>
> II – Na hipótese, contudo, o quadro fático delineado no acórdão regional permite constatar que as revistas em bolsas e armários não eram dirigidas somente à reclamante, nem implicavam contato físico de qualquer natureza, não é possível presumir dano moral. Ao assim fazê-lo, sem que demonstrados os elementos suficientes à caracterização do ato ilícito,

o Tribunal Regional contrariou a jurisprudência dominante nesta Corte Superior, violando o art. 818 da CLT. (Brasil, 2018b, grifo do original)

Verifica-se, portanto, que o empregador não pode exceder seu poder fiscalizador infringindo os direitos de personalidade do empregado, a garantia à privacidade e à intimidade, que, no caso da revista íntima com contato físico, pode lesar a integridade moral.

Poder regulamentar

O poder regulamentar permite "legislar no âmbito da empresa" (Barros, 2007, p. 570). Não está previsto em lei, mas diz respeito ao regulamento da organização, que, uma vez instituído, norteia as ações do empregador (Barros, 2007). Também se pode conceituar esse poder como "o conjunto de prerrogativas tendencialmente concentradas no empregador dirigidas à fixação de regras gerais a serem observadas no âmbito do estabelecimento e da empresa" (Delgado, 2017, p. 751).

Como exemplos, é possível citar normas escritas, circulares, ordens de serviço, código de normas e condutas dos colaboradores, plano de cargos e salários e normas costumeiras orais. Existem empresas que, no momento da admissão do empregado, entregam-lhe um regulamento, ou código de ética, com regras que ele deve conhecer e observar.

— 1.3 —
Grupo econômico

O art. 2º, parágrafo 2º, da CLT disciplina sobre a existência de grupo econômico nos seguintes termos:

> Art. 2º [...].
> § 2º Sempre que uma ou mais empresas, tendo, embora, cada uma delas, personalidade jurídica própria, estiverem sob a direção, controle ou administração de outra, ou ainda quando, mesmo guardando cada uma sua autonomia, integrem grupo econômico, serão responsáveis solidariamente pelas obrigações decorrentes da relação de emprego.

Com base nessa norma, reconhece-se que da consequência trabalhista da união de duas ou mais empresas que possam se favorecer de um contrato de emprego decorre a responsabilidade solidária entre elas (Martinez, 2018).

O art. 3º, parágrafo 2º, da Lei n. 5.889/1973 trata também do grupo econômico, mas para empregadores rurais. A existência do grupo econômico também foi objeto de análise no TST, que editou a Súmula n. 129, de 21 de novembro de 2003 (Brasil, 2003h), conforme a qual: "A prestação de serviços a mais de uma empresa do mesmo grupo econômico, durante a mesma jornada de trabalho, não caracteriza a coexistência de mais de um contrato de trabalho, salvo ajuste em contrário".

Assim, essa configuração, de acordo com a CLT, pode não ser caracterizada pela mera identidade de sócios; para que seja reconhecido o grupo econômico, é necessário que se demonstrem interesses e atuação conjunta das empresas integrantes do grupo (Brasil, 1943, art. 3º).

Quando prestar serviços para mais de uma organização, e após a ruptura de seu contrato de trabalho, o empregado poderá, na ação trabalhista, responsabilizar todas as empresas do grupo econômico.

— 1.4 —
Dano extrapatrimonial

O regime de trabalho assalariado é vigente no modelo capitalista liberal, em que o empregado vende sua força de trabalho para o empregador (Faria, 2009), de cuja troca nasce o contrato de trabalho.

Porém, a responsabilidade pela atividade empresarial é do empregador. Uma vez constatada a ocorrência de danos ao empregado, nasce a incumbência de ressarcimento, que antes era regulamentada pelo Código Civil – instituído pela Lei n. 10.406, de 10 de janeiro de 2002 (Brasil, 2002) –, o qual, após o advento da Lei n. 13.467/2017, foi modificado, passando a incluir um capítulo sobre dano extrapatrimonial.

Aqui empregaremos *dano extrapatrimonial* como sinônimo de *dano moral*, em consonância com Oliveira (2019, p. 20-21):

Podemos concluir, portanto, que as denominações dano moral ou dano extrapatrimonial são praticamente sinônimas, uma vez que expressam o mesmo fenômeno no ordenamento jurídico brasileiro. A mudança terminológica não altera o conteúdo do que já está devidamente cristalizado na ciência jurídica, até porque a simples troca de rótulo não muda o conteúdo essencial, como já consagrado no vetusto brocardo jurídico *verba non mutant substantiam rei*.

Se, antes da formalização do contrato de trabalho, o candidato submetido ao processo seletivo, com a "promessa" de contratação, pede demissão do antigo emprego e entrega os documentos para o Departamento de Recursos Humanos formalizar sua contratação e, nesse meio-tempo, a empresa contratante desiste dela, tem-se um típico caso de aplicação da teoria da perda de uma chance.

Com relação a essa teoria, destaca-se o seguinte julgado do TST (Brasil, 2021d):

> I – AGRAVO DE INSTRUMENTO EM RECURSO DE REVISTA DA RECLAMADA. RECURSO INTERPOSTO NA VIGÊNCIA DA LEI N° 13.015/2014. PARCELAMENTO DO FGTS. O artigo 896, § 1°-A, da CLT, introduzido pela Lei n° 13.015/2014, exige, como ônus da parte e sob pena de não conhecimento do recurso de revista, a indicação do trecho da decisão recorrida que consubstancia o prequestionamento da controvérsia objeto do apelo. No caso, verifica-se que o trecho transcrito pela parte não se refere à alegação da agravante acerca do parcelamento

do FGTS, referindo-se apenas ao tema prescrição do FGTS, o que impossibilita o processamento do recurso ante a falta de prequestionamento da matéria. Logo, não foi atendido o requisito do art. 896, § 1º-A, I, da CLT. Ademais, quanto ao tema prescrição do FGTS a parte não renovou na minuta de agravo, incorrendo em preclusão. Agravo conhecido e desprovido.

II – AGRAVO EM AGRAVO DE INSTRUMENTO EM RECURSO DE REVISTA DO RECLAMANTE. RECURSO INTERPOSTO NA VIGÊNCIA DA LEI Nº 13.015/2014. INDENIZAÇÃO POR DANOS MORAIS. PERDA DE UMA CHANCE. PROFESSOR UNIVERSITÁRIO. DISPENSA NO INÍCIO DO SEMESTRE LETIVO. O agravo merece provimento para melhor análise de violação do artigo 187 do Código Civil. Agravo conhecido e provido.

III – AGRAVO DE INSTRUMENTO EM RECURSO DE REVISTA DO RECLAMANTE. RECURSO INTERPOSTO NA VIGÊNCIA DA LEI Nº 13.015/2014. INDENIZAÇÃO POR DANOS MORAIS. PERDA DE UMA CHANCE. PROFESSOR UNIVERSITÁRIO. DISPENSA NO INÍCIO DO SEMESTRE LETIVO. O agravo de instrumento merece provimento para melhor análise de violação do artigo 187 do Código Civil. Agravo de instrumento conhecido e provido.

IV – RECURSO DE REVISTA DO RECLAMANTE. RECURSO INTERPOSTO NA VIGÊNCIA DA LEI Nº 13.015/2014. HORAS EXTRAS. LABOR NO NDE. O Tribunal Regional indeferiu o pagamento de horas extras ao autor, consignando que "a prova da participação no NDE (Núcleo Docente Estruturante) cabe ao reclamante, tendo em vista que a reclamada negou a prestação de serviços no período de 2012 a 2014, juntando aos autos a prova que autor foi nomeado como membro do NDE do curso de Direito em Juiz de Fora como Especialista através da Portaria 15/2010 datada em 28 de junho de 2010 por dois anos e foi também novamente nomeado por mais dois anos através da Portaria 13/2014". Assim para entender no sentido contrário demandaria o revolvimento de fatos e provas atraindo o óbice da Súmula 126 do TST. Quanto às regras de distribuição do ônus da prova o Tribunal Regional assentou que a reclamada se desvencilhou do ônus probatório ao juntar as portarias de nomeação do autor como membro do NDE nos períodos de 28 de junho de 2010 e 2014, cada uma por dois anos. Ou seja, o autor não se desincumbiu do seu ônus probatório quanto ao período de 2012 a 2014. Assim, intactos os artigos 818, § 1º, da CLT, 373, II e 400 do CPC. Recurso de revista não conhecido.

INDENIZAÇÃO POR DANOS MORAIS. PERDA DE UMA CHANCE. PROFESSOR UNIVERSITÁRIO. DISPENSA NO INÍCIO DO SEMESTRE LETIVO. A jurisprudência deste Tribunal segue no sentido de reconhecer que a dispensa imotivada do professor no início do semestre letivo impossibilita a sua recolocação no mercado de trabalho, configurando o dano moral. Dito isso, a Corte Regional, ao indeferir a indenização perseguida, violou o artigo 187 do Código Civil já que a dispensa do Reclamante no segundo dia do semestre letivo gerou expectativa justa e real de continuar como professor da instituição de ensino reclamada lecionando a matéria e evidencia o abuso do poder diretivo do empregador. Recurso de revista conhecido e provido.

O Código Civil, em seu art. 186, regulamenta: "aquele que, por ação ou omissão voluntária, negligência ou imprudência, violar direito e causar dano a outrem, ainda que exclusivamente moral, comete ato ilícito" (Brasil, 2002).

Ainda nesse instrumento normativo, o art. 927 estabelece: "aquele que, por ato ilícito (arts. 186 e 187), causar dano a outrem, fica obrigado a repará-lo", e o art. 932 dispõe que "são também responsáveis pela reparação civil: [...] III – o empregador ou comitente, por seus empregados, serviçais e prepostos, no exercício do trabalho que lhes competir, ou em razão dele" (Brasil, 2002).

O legislador inseriu na CLT, por meio da Lei n. 13.467/2017, Título II-A, o tratamento do dano extrapatrimonial. Dessa forma, a responsabilidade civil do empregador vem sofrendo modificações para que sejam solucionados novos danos provocados pelas atividades econômicas, como o dano consequente da perda de uma chance e o dano existencial. Sobre isso, segundo o art. 223-B da CLT, "causa dano de natureza extrapatrimonial a ação ou omissão que ofenda a esfera moral ou existencial da pessoa física ou jurídica, as quais são as titulares exclusivas do direito à reparação" (Brasil, 2017a). De acordo com a CLT, no que diz respeito ao dano, honra, intimidade, autoestima, sexualidade, saúde, lazer, integridade física e imagem são os bens juridicamente tutelados inerentes à pessoa física (Brasil, 1943, art. 223-C).

Nas modificações trazidas pela nova lei, o empregado que causar dano extrapatrimonial ao empregador deverá ressarci-lo, dado que "a imagem, a marca, o nome, o segredo empresarial e o sigilo da correspondência são bens juridicamente tutelados inerentes à pessoa jurídica" (Brasil, 2017a, art. 223-D).

A responsabilidade tanto do empregador quanto do empregado parte da existência do contrato de trabalho; e, quando configura-se abuso por parte do empregador, danos podem ser ocasionados aos empregados. O abuso na gestão e na organização do trabalho traz consequências para a vida do trabalhador. Exemplo disso é uma empresa francesa na qual o trabalho foi remodelado por novas formas de gestão, razão pela qual os funcionários passaram a laborar sozinhos, sem ter muito contato com os colegas de trabalho (Dejours; Bègue, 2010).

A incidência de uma pandemia, como a de Covid-19, ilustra os efeitos do trabalho em domicílio, pois existe o contato entre sujeitos apenas remotamente – forma de trabalho que, para alguns trabalhadores, pode trazer sérios riscos à saúde psíquica, uma vez que a carga horária de trabalho acaba extrapolando os limites constitucionais. Nesse caso, o empregador sobrecarrega o empregado, retirando-lhe a possibilidade de descanso diário ou de descanso semanal remunerado. Tais condições acarretam sofrimento, levando muitos trabalhadores à depressão e outros ao suicídio. A relação entre suicídio e trabalho tem três causas: estresse; análise organizacional; e condição genética, que estipula que o trabalho e seus decorrentes constrangimentos são decisivos para o desenlace fatal (Dejours; Bègue, 2010).

Nessa direção, portanto, a desestruturação dos ambientes coletivos no trabalho, a solidão do trabalhador contemporâneo e a falta de desconexão ao trabalho por intermédio da tecnologia trazem consequências para o trabalhador, como o estresse, a insônia e a ansiedade, o que impacta sua vida privada. Assim, "são responsáveis pelo dano extrapatrimonial todos os que tenham colaborado para a ofensa ao bem jurídico tutelado, na proporção da ação ou da omissão" (Brasil, 2017a, art. 223-E).

Ainda de acordo com o art. 223-F da CLT: "a reparação por danos extrapatrimoniais pode ser pedida cumulativamente com a indenização por danos materiais decorrentes do mesmo ato lesivo" (Brasil, 2017a). E, verificada a responsabilidade pelos danos extrapatrimoniais ao empregado, deve ser feito o ressarcimento por meio do pagamento de indenização, cujo critério de aferição do *quantum* indenizatório e parâmetro foram detalhados no art. 223-G da CLT, conforme o qual:

> Art. 223-G. Ao apreciar o pedido, o juízo considerará:
>
> I – a natureza do bem jurídico tutelado;
>
> II – a intensidade do sofrimento ou da humilhação;
>
> III – a possibilidade de superação física ou psicológica;
>
> IV – os reflexos pessoais e sociais da ação ou da omissão;
>
> V – a extensão e a duração dos efeitos da ofensa;
>
> VI – as condições em que ocorreu a ofensa ou o prejuízo moral;
>
> VII – o grau de dolo ou culpa;
>
> VIII – a ocorrência de retratação espontânea;
>
> IX – o esforço efetivo para minimizar a ofensa;

X – o perdão, tácito ou expresso;

XI – a situação social e econômica das partes envolvidas;

XII – o grau de publicidade da ofensa.

§ 1º Se julgar procedente o pedido, o juízo fixará a indenização a ser paga, a cada um dos ofendidos, em um dos seguintes parâmetros, vedada a acumulação:

I – ofensa de natureza leve, até três vezes o último salário contratual do ofendido;

II – ofensa de natureza média, até cinco vezes o último salário contratual do ofendido;

III – ofensa de natureza grave, até vinte vezes o último salário contratual do ofendido;

IV – ofensa de natureza gravíssima, até cinquenta vezes o último salário contratual do ofendido.

§ 2º Se o ofendido for pessoa jurídica, a indenização será fixada com observância dos mesmos parâmetros estabelecidos no § 1º deste artigo, mas em relação ao salário contratual do ofensor.

§ 3º Na reincidência entre partes idênticas, o juízo poderá elevar ao dobro o valor da indenização. (Brasil, 2017a)

A Lei n. 13.467/2017 inovou quando disponibilizou os elementos para auferir os critérios do valor da indenização, condições que eram delineadas pela doutrina e pela jurisprudência.

Exercícios

1) (FGV – 2020 – OAB) Paulo trabalhou para a Editora Livro Legal Ltda. de 10/12/2017 a 30/08/2018 sem receber as verbas rescisórias ao final do contrato, sob a alegação de dificuldades financeiras da empregadora. Em razão disso, ele pretende ajuizar ação trabalhista e procurou você, como advogado(a). Sabe-se que a empregadora de Paulo estava sob o controle e a direção da sócia majoritária, a Editora Mundial Ltda. Assinale a afirmativa que melhor atende à necessidade e à segurança de satisfazer o crédito do seu cliente.

a) Poderá incluir a sociedade empresária controladora no polo passivo da demanda, e esta responderá solidariamente com a empregadora, pois se trata de grupo econômico.

b) Poderá incluir a sociedade empresária controladora no polo passivo da demanda, e esta responderá subsidiariamente com a empregadora, pois se trata de grupo econômico.

c) Não há relação de responsabilização entre as sociedades empresárias, uma vez que possuem personalidades jurídicas distintas, o que afasta a caracterização de grupo econômico.

d) Não se trata de grupo econômico, porque a mera identidade de sócios não o caracteriza; portanto, descabe a responsabilização da segunda sociedade empresária.

2) (FGV – 2020 – OAB) Renato é um empregado doméstico que atua como caseiro no sítio de lazer do seu empregador. Contudo, a CTPS de Renato foi assinada como sendo operador de máquinas da empresa de titularidade do seu empregador. Renato tem receio de que, no futuro, não possa comprovar experiência na função de empregado doméstico e, por isso, intenciona ajuizar reclamação trabalhista para regularizar a situação.

Considerando a situação narrada e o entendimento consolidado do TST, assinale a afirmativa correta.

a) Caso comprove que, de fato, é doméstico, Renato conseguirá a retificação na CTPS, pois as anotações nela lançadas têm presunção relativa.

b) Somente o salário poderia ser objeto de demanda judicial para se comprovar que o empregado recebia valor superior ao anotado, sendo que a alteração na função não é prevista, e a demanda não terá sucesso.

c) Caso Renato comprove que é doméstico, o pedido será julgado procedente, mas a alteração será feita com modulação de efeitos, com retificação da data da sentença em diante.

d) Renato não terá sucesso na sua reclamação trabalhista, porque a anotação feita na carteira profissional tem presunção absoluta.

Capítulo 2

Contrato de trabalho

Após a análise dos sujeitos de uma relação de emprego, entende-se ser a existência do contrato de trabalho fruto ou da vontade do empregador e do empregado, ou de uma prestação de serviços, mesmo que sem a formalização desse documento. Nesse sentido, verificam-se a teoria subjetivista e a teoria objetivista (Nascimento; Nascimento, 2018).

Ademais, destaca-se que, para entender o contrato de trabalho, devem-se examinar os seguintes assuntos:

- conceito de contrato de trabalho;
- características desse instrumento;
- contratos de trabalho especiais;
- causas de interrupção e suspensão do contrato de trabalho; e
- causas de alteração do contrato de trabalho.

— 2.1 —
Conceito de contrato de trabalho

O contrato de trabalho pode ser individual ou coletivo. O modelo individual está previsto no art. 442 da Consolidação das Leis do Trabalho (CLT) – aprovada pelo Decreto-Lei n. 5.452, de 1º de maio de 1943 (Brasil, 1943) – como "o acordo tácito ou expresso, correspondente à relação de emprego".

Assim, o contrato de trabalho é decorrente de uma relação de emprego e, portanto, conceitua-se como:

> Negócio jurídico expresso ou tácito, mediante o qual uma pessoa natural obriga-se perante pessoa natural, jurídica ou ente despersonificado a uma prestação pessoal, não eventual, subordinada e onerosa de serviços. Acordo de vontades, tácito ou expresso, pelo qual uma pessoa física coloca seus serviços à disposição de outrem, a serem prestados com pessoalidade, não eventualidade, onerosidade e subordinação ao tomador. (Delgado, 2017, p. 574)

Nesse contexto, o contrato de trabalho existe mesmo quando não há uma negociação explícita entre as partes. Ocorre, por exemplo, no caso de um empregado que trabalha para determinada empresa e cujo vínculo formal não foi registrado na Carteira de Trabalho e Previdência Social (CTPS), mas todos os componentes do contrato estão presentes.

Quando o sujeito candidata-se à vaga de emprego, participa de todo o processo seletivo, recebe a notícia de que foi aprovado e entrega para a empresa todos os documentos pessoais, o empregador elabora um contrato escrito em que figuram as cláusulas pactuadas acerca de questões como jornada de trabalho, função, salário e benefícios, direito à imagem, e outras. Tais cláusulas deverão ser observadas no decorrer da relação empregatícia.

Em seguida, o empregador precisa registrar o vínculo na CTPS, o salário e a função que o empregado vai desempenhar. De acordo com o art. 29 da CLT, em vigor desde a promulgação da Lei n. 13.874, de 20 de setembro de 2019 (Brasil, 2019a), "o empregador terá o prazo de 5 (cinco) dias úteis para anotar na CTPS do empregado".

O parágrafo 4º do referido artigo dispõe que ao empregador é vedado efetuar anotações negativas referentes à conduta do empregado em sua CTPS. Portanto, não é possível apontar penalidades aplicadas ao empregado, somente a data de admissão e o tipo de contratação, por prazo determinado ou indeterminado, sem, no entanto, especificar a espécie de rescisão no término do contrato de trabalho, quando somente são definidas as datas do afastamento e do fim desse pacto, o que se chama de *baixa na* CTPS. O termo de rescisão de contrato de trabalho é o documento no qual consta a data do afastamento, o valor das verbas rescisórias e o motivo pelo qual esse "acordo" foi encerrado.

Após o término do contrato de trabalho, o empregador não pode passar informações desabonadoras e negativas quanto ao desempenho do indivíduo no emprego, pois essa situação pode ensejar a prática de um ato ilícito, passível de indenização pelos danos morais e materiais causados ao empregado.

— 2.1.1 —
Características do contrato de trabalho

O contrato de trabalho, de acordo com Cassar (2018a), deve apresentar os elementos extrínsecos previstos no art. 104 do Código Civil – instituído pela Lei n. 10.406, de 10 de janeiro de 2002 (Brasil, 2002).

O primeiro aspecto, a **capacidade do agente**, concerne ao fato de que, para o contrato de trabalho, o empregado deve ter idade mínima de 16 anos, tal como dispõe a Constituição Federal (CF) de 1988 no art. 7º, inciso XXXIII: "proibição de trabalho noturno, perigoso ou insalubre a menores de dezoito e de qualquer trabalho a menores de dezesseis anos, salvo na condição de aprendiz, a partir de quatorze anos" (Brasil, 1988a).

O segundo elemento extrínseco diz respeito ao **objeto do contrato** de trabalho. De acordo com Alice Monteiro de Barros (2007), independentemente da atividade empresarial, a prestação de serviços deve estar em consonância com a lei, com os bons costumes e com a ordem pública.

Cita-se como exemplo de objeto ilícito o reconhecimento do apontador do jogo do bicho, pois essa atividade econômica é uma contravenção penal, conforme prevê a Orientação Jurisprudencial (OJ) n. 199 da Seção de Dissídios Individuais – I (SBI-I) – do Tribunal Superior do Trabalho (TST) (Brasil, 2010).

O terceiro elemento extrínseco é, por parte do contrato, **o respeito à forma prescrita ou não defesa em lei**, razão pela qual se deve observar a existência de alguma formalidade legal, como o contrato por prazo determinado, que obrigatoriamente deve ser escrito.

Com relação aos elementos intrínsecos, "a **vontade individual das partes** é considerada um fator decisivo na formação do negócio jurídico. Quando há o acordo de duas ou mais vontades, temos o **consentimento**, considerado suprema lei entre as partes" (Barros, 2007, p. 244, grifo nosso).

Para que um contrato de trabalho seja considerado válido, é primordial a **inexistência de erro, dolo, coação, estado de perigo e lesão, simulação e fraude** (Cassar, 2018a). Ademais, sempre deve haver uma **causa lícita**, estando relacionada entre a troca de trabalho e a remuneração (Barros, 2007).

— 2.1.2 —
Cláusula de arbitragem no contrato de trabalho

Com o advento da Lei n. 13.467, de 13 de julho de 2017 (Brasil, 2017a), foi incluído no texto da CLT o parágrafo único do art. 444. Esse item dispõe que o empregado portador de diploma de nível superior, que receba salário igual ou superior ao dobro do teto máximo dos benefícios da Previdência Social, não será considerado empregado hipossuficiente. Além disso, poderá ser pactuada cláusula compromissória de arbitragem no contrato de trabalho desse profissional, desde que isso seja feito por sua iniciativa ou mediante sua concordância expressa, nos termos do art. 507-A da CLT:

> Art. 507-A. Nos contratos individuais de trabalho cuja remuneração seja superior a duas vezes o limite máximo estabelecido para os benefícios do Regime Geral de Previdência Social, poderá ser pactuada cláusula compromissória de arbitragem, desde que por iniciativa do empregado ou mediante a sua concordância expressa, nos termos previstos na Lei nº 9.307, de 23 de setembro de 1996. (Brasil, 2017a)

Tendo em vista que a arbitragem era permitida apenas como medida de negociação em acordos e convenções coletivas, sua inclusão no contrato de trabalho traz novas possibilidades de negociação extrajudicial motivada por algum tipo de insatisfação do empregado quando do término da contratação.

— 2.2 —
Duração do contrato de trabalho

Os contratos de trabalho podem ser divididos, quanto à sua duração, em por prazo indeterminado e por prazo determinado. Os contratos por prazo indeterminado são a regra geral, visto que estão em consonância com o princípio da continuidade da relação de emprego.

— 2.2.1 —
Contratos por prazo determinado

Os contratos por prazo determinado apresentam termos inicial e final e partem da oferta de um serviço especializado ou específico. Sua predeterminação é feita em função de certa atividade e do prazo para finalizá-la.

A duração desse acordo depende da previsão contratual, sendo obrigatório o respeito aos prazos legais. A regra é que, nessa modalidade de contrato, a prorrogação aconteça apenas uma vez, sendo observado o prazo total de validade permitido em lei. O exemplo típico é o contrato de experiência, cujo prazo máximo é de 90 dias: o empregador pode firmar um contrato de 45 dias, prorrogável por mais 45 dias, completando o período.

Destacam-se algumas modalidades de contrato por prazo determinado: de experiência, temporário, a termo (regra geral de dois anos), por obra certa, de artista, de treinador profissional de futebol, de aprendizagem, de safra, de peão de rodeio, de atleta profissional, de trabalho no exterior, de técnico estrangeiro e outros (Cassar, 2018b). Na sequência, analisaremos algumas delas.

Contrato de experiência

O contrato de experiência é uma modalidade de contrato de trabalho por prazo determinado em que existe um acordo bilateral firmado entre o empregado e o empregador, com duração máxima de 90 dias (art. 443, parágrafo 3º, e art. 445, parágrafo único, da CLT) e escrito conforme previsão legal (Brasil, 1943). Sua finalidade é verificar se o empregado desempenha as funções de acordo com as qualificações e habilidades descritas no currículo profissional, bem como se consegue se adequar às normas e aos procedimentos adotados na empresa. Além disso, o empregado precisa informar se tem interesse e vontade de dar continuidade ao trabalho realizado. Assim, as partes percebem se há compatibilidade para prosseguir com o contrato depois da experiência. Passados os 90 dias, o contrato é extinto, ou, se houver a continuidade da prestação de serviços, converte-se em contrato por prazo indeterminado, conforme estabelecido no art. 451 da CLT.

No caso de existir cláusula asseguratória de reciprocidade na rescisão antes de expirado o termo ajustado, segundo previsão do art. 481 da CLT, cabe o aviso-prévio nas rescisões antecipadas dos contratos de experiência de acordo com o que preceitua a Súmula n. 163, de 21 de novembro de 2003, do TST (Brasil, 2003i).

Pode ser descaracterizado esse contrato: se for prorrogado mais de uma vez dentro do prazo máximo; e se o empregado for admitido por meio de contrato de experiência para a mesma função, mais de uma vez, dentro do prazo de 6 meses após o término do primeiro contrato de experiência (Brasil, 1943, art. 452).

Contrato temporário

Esse contrato é destinado à prestação de serviços em lapsos temporais específicos e delimitados em função da atividade empresarial, estando tipificado no art. 443, parágrafo 2º, alínea "a", da CLT (Brasil, 1943).

Contrato por obra certa

O contrato por obra certa é o contrato urbano com a finalidade de execução de determinada obra ou serviço certo, estando caracterizado na Lei n. 2.959, de 17 de novembro de 1956 (Brasil, 1956).

Se houver a prorrogação desse acordo por mais de quatro anos, ele se transforma em contrato de prazo indeterminado, de acordo com a Súmula n. 195, de 13 de dezembro de 1963 (Brasil, 1963), do Supremo Tribunal Federal (STF): "Contrato de trabalho para obra certa, ou de prazo determinado, transforma-se em contrato de prazo indeterminado, quando prorrogado por mais de quatro anos".

Contrato de artista

O contrato de artista é regulamentado pela Lei n. 6.533, de 24 de maio de 1978, sendo o artista o profissional que interpreta obras de caráter cultural públicas por vários meios de comunicação (Brasil, 1978a, art. 2º, I).

Contrato de treinador profissional de futebol

O contrato de treinador profissional de futebol é regulamentado pela Lei nº 8.650, de 20 de abril de 1993, cujo art. 6º, inciso I, determina que seu prazo de validade não poderá ultrapassar dois anos (Brasil, 1993).

Contrato de aprendizagem

O contrato de aprendizagem está previsto no capítulo "Da proteção do trabalho do menor", na CLT, especificamente nos arts. 424 a 433, tendo sido, também, regulamentado pelo Decreto n. 9.579, de 22 de novembro de 2018, nos arts. 48 a 58 (Brasil, 1943, 2018a). Em complemento, o art. 7º, inciso XXXIII, da CF determina a "proibição de trabalho noturno, perigoso ou insalubre a menores de dezoito e de qualquer trabalho a menores de dezesseis anos, salvo na condição de aprendiz, a partir de quatorze anos" (Brasil, 1988a).

O contrato de aprendizagem é um contrato especial que tem duração de, no máximo, dois anos. O aprendiz tem direito ao recebimento de salário proporcional ao salário mínimo e, obrigatoriamente, deve estar matriculado no ensino técnico profissionalizante, tendo direito ao recolhimento do Fundo de Garantia do Tempo de Serviço (FGTS) no percentual de 2% sobre o salário, assim como ao recolhimento da contribuição social para o Instituto Nacional do Seguro Social (INSS).

A faixa etária dos jovens aprendizes começa nos 14 e vai até os 24 anos, salvo o aprendiz portador de deficiência, cuja contratação não é limitada pela idade. São chamados de *menores aprendizes*, por sua vez, os jovens na faixa etária de 14 a 18 anos, e a lei dá prioridade à contratação dos menores. Assim, as empresas são obrigadas a contratar o percentual de 5% a 15% de aprendizes, tendo em vista o número total de empregados de seu quadro, conforme art. 429 da CLT:

> Os estabelecimentos de qualquer natureza são obrigados a empregar e matricular nos cursos dos Serviços Nacionais de Aprendizagem número de aprendizes equivalente a cinco por cento, no mínimo, e quinze por cento, no máximo, dos trabalhadores existentes em cada estabelecimento, cujas funções demandem formação profissional. (Brasil, 1943)

É importante destacar que a jovem aprendiz que engravidar durante o contrato de aprendizagem tem direito a não ter o contrato extinto e ao recebimento de licença-maternidade, razão pela qual lhe é assegurada estabilidade provisória, com base na Súmula n. 244, de 27 de setembro de 2012, do TST (Brasil, 2012a).

Nesse sentido, destaca-se recente decisão quanto ao assunto proferida pelo TST:

> AGRAVO DE INSTRUMENTO EM RECURSO DE REVISTA
> RECURSO INTERPOSTO NA VIGÊNCIA DA LEI Nº 13.467/2017
> CONTRATO DE APRENDIZAGEM. ESTABILIDADE PROVISÓRIA DA GESTANTE. SÚMULA Nº 244, ITEM III, DO TST.

O artigo 10, inciso II, alínea "b", do Ato das Disposições Constitucionais Transitórias veda a dispensa arbitrária da empregada gestante, desde a confirmação da gravidez até cinco meses após o parto. O citado dispositivo da Constituição Federal foi interpretado pela jurisprudência desta Corte, consoante o disposto na Súmula nº 244, item I, do TST, segundo a qual "o desconhecimento do estado gravídico pelo empregador não afasta o direito ao pagamento da indenização decorrente da estabilidade (art. 10, inciso II, alínea ' b', do ADCT)". É condição essencial para que seja assegurada a estabilidade à reclamante o fato de a gravidez ter ocorrido durante o transcurso do contrato de trabalho, não sendo exigido o conhecimento da gravidez pelo empregador. A jurisprudência prevalecente nesta Corte superior firmou-se no sentido da existência de estabilidade provisória da gestante, mesmo nos contratos por prazo determinado, conforme a nova redação dada ao item III da Súmula nº 244, que assim dispõe: "III–A empregada gestante tem direito à estabilidade provisória prevista no art. 10, inciso II, alínea ' b', do Ato das Disposições Constitucionais Transitórias, mesmo na hipótese de admissão mediante contrato por tempo determinado". Logo, o entendimento adotado pela Corte regional está em consonância com a previsão do artigo 10, inciso II, alínea "b", do ADCT. (precedentes).

Agravo de instrumento desprovido. (Brasil, 2020e)

A extinção do contrato de aprendiz pode ser efetivada em razão do término do prazo de validade do contrato, ou ser antecipada pelo aprendiz ou pelo contratante, ou, ainda, por justa causa.

Contrato de safra

O contrato de safra é comum no âmbito rural, com prazo fixado em função das variações estacionais da atividade agrária. Ele está previsto no art. 14 da Lei n. 5.889, de 8 de junho de 1973 (Brasil, 1973).

Contrato de trabalho rural por pequeno prazo

A Lei n. 11.718, de 20 de junho de 2008 (Brasil, 2008), instituiu um contrato por prazo determinado, com duração máxima de 2 meses dentro do período de um ano. Esse contrato exige que algumas formalidades sejam cumpridas, tais como: revelar identificação e qualificação do trabalhador, do produtor rural e do imóvel onde o trabalho será realizado; indicar autorização em convenção coletiva, anotação em CTPS e contrato escrito.

Contrato de peão de rodeio

A Lei n. 10.220, de 11 de abril de 2001 (Brasil, 2001), regulamentou as normas gerais do profissional peão de rodeio, considerando-o, em seu art. 1º, um atleta profissional "cuja atividade consiste na participação, mediante remuneração pactuada em contrato próprio, em provas de destreza no dorso de animais equinos ou bovinos, em torneios patrocinados por entidades públicas ou privadas" (Brasil, 2001).

Contrato especial de trabalho desportivo

O contrato de trabalho do atleta profissional não se orienta pela CLT, mas por instrumento normativo próprio, a Lei n. 9.615, de 24 de março de 1998 (Brasil, 1998), que disciplina suas peculiaridades.

O prazo de duração desse contrato é delimitado "com vigência nunca inferior a três meses nem superior a cinco anos" (Brasil, 1998, art. 30). Assim, a atividade do atleta profissional é caracterizada por remuneração pactuada em contrato especial de trabalho desportivo, firmado com entidade de prática desportiva, apresentando todos os requisitos formais para sua validade, bem como todos os direitos do empregado-atleta, conforme dispõe o art. 28 da Lei n. 9.981, de 14 de julho de 2000 (Brasil, 2000b), que foi modificada pela Lei n. 12.395, de 16 de março de 2011 (Brasil, 2011a).

Em 8 de janeiro de 2021, foi publicada a Lei n. 14.117 (Brasil, 2021a), a qual incluiu o art. 30-A na Lei n. 9.615/1998, conforme o qual:

> Art. 30-A. As entidades desportivas profissionais poderão celebrar contratos de trabalho com atleta profissional por prazo determinado de, no mínimo, 30 (trinta) dias, durante o ano de 2020 ou enquanto perdurar calamidade pública nacional reconhecida pelo Congresso Nacional e decorrente de pandemia de saúde pública de importância internacional. (Brasil, 1998)

A referida lei foi publicada devido à pandemia que se iniciou no ano de 2020, causada pelo vírus conhecido como *Sars-CoV-2*[1], a qual trouxe várias consequências para os contratos de trabalho desportivos em virtude da necessidade de paralisação de algumas atividades.

— 2.3 —
Terceirização

A terceirização é uma prática que ocorre em diversos países e pode ser definida como "uma estratégia na forma de administração das empresas que tem por objetivo organizá-las e estabelecer métodos da atividade empresarial" (Martins, 2017, p. 31). Seu principal intuito "não é apenas a redução de custo, mas também trazer agilidade, flexibilidade, competitividade à empresa e também para vencer no mercado" (Martins, 2017, p. 32).

A terceirização compreende uma relação entre trabalhador, prestador de serviços e tomador de serviços, como no caso de trabalhadores que atuam em uma indústria de alimentos (tomadora de serviços), mas que foram contratados por uma empresa prestadora de serviços de limpeza (real empregador).

---

1   "COVID-19 é a doença infecciosa causada pelo novo coronavírus, identificado pela primeira vez em dezembro de 2019, em Wuhan, na China" (Opas, 2021).

No Brasil, a Súmula n. 331, de 31 de maio de 2011 (Brasil, 2011g), do TST descreve as hipóteses de terceirização de forma lícita, em que a terceirização da atividade-fim da empresa não era permitida. No entanto, com a aprovação da Lei n. 13.429, 13 de julho de 2017 (Brasil, 2017a), a terceirização em caráter geral pode ocorrer, conforme o art. 4º-A desse dispositivo legal.

Os grupos de empresas são de suma importância quando o assunto é terceirização. Com o advento da Lei n. 13.467/2017, tal como o art. 2º, parágrafo 2º, disciplina, sempre que uma ou mais empresas integrarem grupo econômico, serão responsáveis solidariamente pelas obrigações provenientes da relação de emprego.

— 2.4 —
Contratos especiais por prazo indeterminado

O contrato por prazo indeterminado é o contrato mais comum celebrado entre empregador e empregado. Pode suceder um contrato por prazo determinado, sendo usual quando o período de experiência acaba e a prestação de serviços continua.

— 2.4.1 —
Contrato de trabalho intermitente

O trabalho prestado sem dia e horário fixos é chamado de *trabalho intermitente*, cuja celebração deve ser feita por escrito, com a especificação do valor da hora de trabalho, proporcional ao salário mínimo ou ao salário "pago aos demais empregados que exerçam a mesma função em contrato intermitente ou não" (Lima; Lima, 2017, p. 62).

Foi incluído pela Lei n. 13.467/2017 o art. 452-A, que condiciona o contrato intermitente:

> Art. 452-A. O contrato de trabalho intermitente deve ser celebrado por escrito e deve conter especificamente o valor da hora de trabalho, que não pode ser inferior ao valor horário do salário mínimo ou àquele devido aos demais empregados do estabelecimento que exerçam a mesma função em contrato intermitente ou não.
>
> § 1º O empregador convocará, por qualquer meio de comunicação eficaz, para a prestação de serviços, informando qual será a jornada, com, pelo menos, três dias corridos de antecedência.
>
> § 2º Recebida a convocação, o empregado terá o prazo de um dia útil para responder ao chamado, presumindo-se, no silêncio, a recusa.
>
> § 3º A recusa da oferta não descaracteriza a subordinação para fins do contrato de trabalho intermitente.

§ 4º Aceita a oferta para o comparecimento ao trabalho, a parte que descumprir, sem justo motivo, pagará à outra parte, no prazo de trinta dias, multa de 50% (cinquenta por cento) da remuneração que seria devida, permitida a compensação em igual prazo.

§ 5º O período de inatividade não será considerado tempo à disposição do empregador, podendo o trabalhador prestar serviços a outros contratantes.

§ 6º Ao final de cada período de prestação de serviço, o empregado receberá o pagamento imediato das seguintes parcelas:

I – remuneração;

II – férias proporcionais com acréscimo de um terço;

III – décimo terceiro salário proporcional;

IV – repouso semanal remunerado; e

V – adicionais legais.

§ 7º O recibo de pagamento deverá conter a discriminação dos valores pagos relativos a cada uma das parcelas referidas no § 6º deste artigo.

§ 8º O empregador efetuará o recolhimento da contribuição previdenciária e o depósito do Fundo de Garantia do Tempo de Serviço, na forma da lei, com base nos valores pagos no período mensal e fornecerá ao empregado comprovante do cumprimento dessas obrigações.

§ 9º A cada doze meses, o empregado adquire direito a usufruir, nos doze meses subsequentes, um mês de férias, período no qual não poderá ser convocado para prestar serviços pelo mesmo empregador.

Logo, a principal característica desse tipo de contrato é a não exigência de que as tarefas sejam exercidas continuamente, visto que os serviços podem sofrer alternância ou, até mesmo, inatividade por horas, dias ou meses. Nesse modelo, durante o período ocioso, o trabalhador pode prestar serviços a outros contratantes.

— 2.5 —
Interrupção e suspensão do contrato de trabalho

O contrato de trabalho pode ser interrompido, e as causas disso estão previstas na lei. O empregado suspende a prestação de serviços sem paralisar o pagamento de salários quando ele contrai matrimônio ou usufrui de férias e de repouso semanal – exemplos que mostram a ausência de labor, embora a lei proteja a continuidade de sua remuneração. Por sua vez, nas hipóteses de suspensão do contrato de trabalho, não há labor nem pagamento de salário. Verifica-se no caso do funcionário que é suspenso do trabalho porque cometeu uma falta.

Para melhor compreensão de ambas as possibilidades, o Quadro 2.1 elenca seus dispositivos legais e suas diferenças.

Quadro 2.1 – Comparação entre interrupção e suspensão de contrato de trabalho

Hipóteses de interrupção	Hipóteses de suspensão
O empregado não trabalha e continua recebendo salário, conforme disposição do art. 473 da CLT.	O empregado não trabalha e não recebe salário.
Falecimento de terceiros – art. 473, inciso I, da CLT: "até 2 (dois) dias consecutivos, em caso de falecimento do cônjuge, ascendente, descendente, irmão ou pessoa que, declarada em sua carteira de trabalho e previdência social (CTPS), viva sob sua dependência econômica" (Brasil, 1943).	Greve – art. 2º da Lei n. 7.783, de 28 de junho de 1989 (Brasil, 1989).
Celebração de matrimônio – art. 473, inciso II, da CLT: "até 3 (três) dias consecutivos, em virtude de casamento" (Brasil, 1943).	Suspensão disciplinar – art. 474 da CLT (gancho).
Nascimento de descendentes – art. 473, inciso III, da CLT: "por um dia, em caso de nascimento de filho no decorrer da primeira semana" (Brasil, 1943). **Atenção**: A ampliação da licença-paternidade de 1 para 5 (cinco) dias foi concedida pela CF de 1988 em seus arts. 7º, inciso XIX, e 10, parágrafo 1º, do Ato das Disposições Constitucionais Transitórias – ADCT (Brasil, 1988a).	Suspensão para qualificação profissional – art. 476-A da CLT.

(continua)

(Quadro 2.1 – continuação)

Hipóteses de interrupção	Hipóteses de suspensão
Doação de sangue – art. 473, inciso IV, da CLT: "por um dia, em cada 12 (doze) meses de trabalho, em caso de doação voluntária de sangue devidamente comprovada" (Brasil, 1943).	Serviço militar obrigatório.
Alistamento – art. 473, inciso V, da CLT: "até 2 (dois) dias consecutivos ou não, para o fim de se alistar eleitor, nos termos da lei respectiva" (Brasil, 1943).	Mandato sindical – art. 543, parágrafo 2º, da CLT.
Serviço militar – art. 473, inciso VI, da CLT: "no período de tempo em que tiver de cumprir as exigências do Serviço Militar referidas na letra 'c' do art. 65 da Lei nº 4.375, de 17 de agosto de 1964 (Lei do Serviço Militar)" (Brasil, 1943).	Suspensão para responder inquérito judicial com o fito de apurar falta grave – art. 494 da CLT.
Realização de vestibular – art. 473, inciso VII, da CLT: "nos dias em que estiver comprovadamente realizando provas de exame vestibular para ingresso em estabelecimento de ensino superior" (Brasil, 1943).	Diretor eleito de sociedade anônima.
Juízo – art. 473, inciso VIII, da CLT: "pelo tempo que se fizer necessário, quando tiver que comparecer a juízo" (Brasil, 1943).	Contrato de trabalho intermitente – art. 452-A da CLT.
Ex. Testemunha – art. 822 da CLT; comparecimento à sessão do Júri – art. 441 do Código de Processo Penal, promulgado pelo Decreto-Lei n. 3.689, de 3 de outubro de 1941 (Brasil, 1941).	

(Quadro 2.1 - continuação)

Hipóteses de interrupção	Hipóteses de suspensão
Representação sindical – art. 473, inciso IX, da CLT: "pelo tempo que se fizer necessário, quando, na qualidade de representante de entidade sindical, estiver participando de reunião oficial de organismo internacional do qual o Brasil seja membro" (Brasil, 1943).	
Acompanhamento de pré-natal – art. 473, inciso X, da CLT: "até 2 (dois) dias para acompanhar consultas médicas e exames complementares durante o período de gravidez de sua esposa ou companheira" (Brasil, 1943).	
Saúde de dependentes – art. 473, inciso XI, da CLT: "por 1 (um) dia por ano para acompanhar filho de até 6 (seis) anos em consulta médica" (Brasil, 1943).	
Prevenção de câncer – art. 473, inciso XII, da CLT: "até 3 (três) dias, em cada 12 (doze) meses de trabalho, em caso de realização de exames preventivos de câncer devidamente comprovada" (Brasil, 1943).	
Licença-maternidade – pagamento direto pelo empregador; divergência doutrinária.	Licença-maternidade – recebimento do benefício direto pelo INSS – ex.: empregada doméstica.
Descanso/repouso semanal remunerado – DSR/RSR	

(Quadro 2.1 – continuação)

Hipóteses de interrupção	Hipóteses de suspensão
Férias	Afastamento por invalidez – benefício de prestação continuada decorrente de invalidez. **Atenção**: Conforme art. 475 da CLT, "O empregado que for aposentado por invalidez terá suspenso o seu contrato de trabalho durante o prazo fixado pelas leis de previdência social para a efetivação do benefício. § 1º – Recuperando o empregado a capacidade de trabalho e sendo a aposentadoria cancelada, ser-lhe-á assegurado o direito à função que ocupava ao tempo da aposentadoria, facultado, porém, ao empregador, o direito de indenizá-lo por rescisão do contrato de trabalho, nos termos dos arts. 477 e 478, salvo na hipótese de ser ele portador de estabilidade, quando a indenização deverá ser paga na forma do art. 497. § 2º – Se o empregador houver admitido substituto para o aposentado, poderá rescindir, com este, o respectivo contrato de trabalho sem indenização, desde que tenha havido ciência inequívoca da interinidade ao ser celebrado o contrato" (Brasil, 1943).
Licença-saúde até 15 dias – apresentação de atestado médico.	Auxílio-doença – a partir do 16º dia, após concessão pelo INSS.

(Quadro 2.1 – conclusão)

Hipóteses de interrupção	Hipóteses de suspensão
Aviso-prévio indenizado – art. 487, parágrafo 1º, da CLT.	Suporte à saúde – art. 476 da CLT: "Em caso de seguro-doença ou auxílio-enfermidade, o empregado é considerado em licença não remunerada, durante o prazo desse benefício" (Brasil, 1943).
Intervalos intra e entrejornadas.	
Trabalho nas eleições – art. 98 da Lei n. 9.504, de 30 de setembro de 1997 (Brasil, 1997).	
Força maior – art. 61, parágrafo 3º, da CLT.	

Além das hipóteses vistas há pouco, é preciso atentar para a categoria dos professores, para quem, conforme art. 320, parágrafo 3º, da CLT, o prazo de interrupção do contrato de trabalho por motivo de casamento ou falecimento de cônjuge, pai, mãe ou filho é de nove dias (Brasil, 1943).

— 2.6 —

Férias

As férias equivalem ao período de descanso do empregado. É uma das hipóteses de interrupção do contrato de trabalho, sendo computadas como tempo de serviço e assim previstas: "anuais remuneradas com, pelo menos, um terço a mais do que o salário normal" (Brasil, 1943, art. 7º) e adquiridas "após cada período de 12 (doze) meses de vigência do contrato de trabalho" (Brasil, 1943, art. 130).

O empregado não terá direito a férias se, no curso do período aquisitivo:

> Art. 133. [...].
>
> I – deixar o emprego e não for readmitido dentro de 60 (sessenta) dias subsequentes à sua saída;
>
> II – permanecer em gozo de licença, com percepção de salários, por mais de 30 (trinta) dias;
>
> III – deixar de trabalhar, com percepção do salário, por mais de 30 (trinta) dias, em virtude de paralisação parcial ou total dos serviços da empresa; e
>
> V – tiver percebido da Previdência Social prestações de acidente de trabalho ou de auxílio-doença por mais de 6 (seis) meses, embora descontínuos.
>
> § 1º – A interrupção da prestação de serviços deverá ser anotada na Carteira de Trabalho e Previdência Social.
>
> § 2º – Iniciar-se-á o decurso de novo período aquisitivo quando o empregado, após o implemento de qualquer das condições previstas neste artigo, retornar ao serviço.
>
> § 3º – Para os fins previstos no inciso III deste artigo a empresa comunicará ao órgão local do Ministério do Trabalho, com antecedência mínima de 15 (quinze) dias, as datas de início e fim da paralisação total ou parcial dos serviços da empresa, e, em igual prazo, comunicará, nos mesmos termos, ao sindicato representativo da categoria profissional, bem como afixará aviso nos respectivos locais de trabalho. (Brasil, 1943)

O período concessivo ocorre após o empregado completar 12 meses no emprego, o que, no entanto, não significa que, no dia subsequente ao cumprimento desse período aquisitivo (completa-se um novo a cada 12 meses, conforme Figura 2.1, adiante), ele já poderá entrar em férias. Na verdade, "a época da concessão das férias será a que melhor consulte os interesses do empregador" (Brasil, 1943, art. 136).

Figura 2.1 – Período aquisitivo

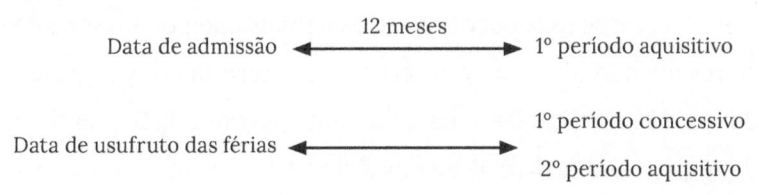

Data de admissão ←— 12 meses —→ 1º período aquisitivo

Data de usufruto das férias ←————→ 1º período concessivo
2º período aquisitivo

Os dias de gozo das férias estão previstos no art. 130 da CLT, na seguinte proporção:

> Art. 130. [...].
>
> I – 30 (trinta) dias corridos, quando não houver faltado ao serviço mais de 5 (cinco) vezes;
>
> II – 24 (vinte e quatro) dias corridos, quando houver tido de 6 (seis) a 14 (quatorze) faltas;
>
> III – 18 (dezoito) dias corridos, quando houver tido de 15 (quinze) a 23 (vinte e três) faltas;
>
> IV – 12 (doze) dias corridos, quando houver tido de 24 (vinte e quatro) a 32 (trinta e duas) faltas.

§ 1º – É vedado descontar, do período de férias, as faltas do empregado ao serviço.

§ 2º – O período das férias será computado, para todos os efeitos, como tempo de serviço. (Brasil, 1943)

A regra geral é de que as férias devem ser concedidas em um único período, em consonância com o art. 134, *caput*, da CLT. Porém, desde que haja concordância do empregado, podem ser usufruídas em até três períodos, um dos quais não pode ser inferior a quatorze dias corridos – e os demais não podem ser inferiores a cinco dias corridos, tal como determina o parágrafo 1º do art. 134 da CLT. Deve haver a anotação em CTPS e na ficha de registro antes da fruição das férias. No caso de o empregado dispor da CTPS em meio digital, as anotações são feitas no sistema digital (Brasil, 1943, art. 135, § 3º).

As férias são pagas com base no salário vigente à época da concessão, o que deve ser feito até dois dias antes do início do período de gozo, geralmente mediante "recibo de férias" em duas vias (uma fica em posse do empregado), com a informação do início e do término desse descanso (Brasil, 1943, art. 145). Para que não haja remuneração dobrada, o empregador deve observar a relação entre período aquisitivo e período concessivo.

— 2.6.1 —
Espécies de férias

As férias podem ser integrais, quando o empregado consegue usufruir delas por completo, ou configuradas no rompimento do contrato de trabalho, quando não foram usufruídas, mas encontram-se dentro do período concessivo.

As **férias coletivas** são de liberalidade do empregador e concedidas para todos os empregados, ou para alguns setores da empresa, com período mínimo de 10 dias. Nesse caso, a empresa obrigatoriamente deve comunicar ao órgão local do Ministério do Trabalho, atual Secretaria do Trabalho subordinada ao Ministério da Economia, com a antecedência mínima de 15 dias, as datas de início e fim das férias, bem como deve informá-las aos sindicatos representativos da respectiva categoria profissional (Brasil, 1943, art. 139).

Já as **férias proporcionais** ocorrem quando o empregado é desligado ou pede desligamento antes de completar o tempo de aquisição do período de férias, razão pela qual recebe proporcionalmente pelo período (Brasil, 1943, art. 140).

Por sua vez, **férias indenizadas** são aquelas decorrentes do aviso-prévio indenizado.

Abono pecuniário

É faculdade do empregado converter um terço das férias em abono pecuniário, solicitando-o até 15 dias antes do término do período aquisitivo, sendo de aceitação obrigatória pelo empregador. Se requerido em período posterior, é facultado à empresa aceitar ou não tal pedido (Brasil, 1943, art. 143).

— 2.7 —
Hipóteses de alteração do contrato de trabalho

As alterações no desenvolvimento do contrato de trabalho podem se basear em três princípios: "*pacta sunt servanda*, autonomia da vontade e inalterabilidade contratual" (Leite, 2018, p. 589).

O princípio do **pacta sunt servanda**, proveniente do direito romano, norteia o cumprimento dos contratos pelas partes, que é ajustado pela autonomia da vontade. Essa autonomia resulta da pretensão entre empregador e empregado, os quais ajustam suas relações jurídicas, e isso pode, em algumas hipóteses, suscitar a revisão das condições ajustadas no decurso da aplicação do contrato de trabalho (Leite, 2018).

Segundo Leite (2018), as alterações das condições de trabalho podem ser classificadas de acordo com os seguintes aspectos:

1. **Origem:**
   a. obrigatórias – resultam de lei ou norma prevista em acordo coletivo de trabalho ou convenção coletiva de trabalho (ACT/CCT);
   b. voluntárias – decorrem da vontade das partes.
2. **Objeto:**
   a. qualitativas – alteram a natureza e a qualidade do trabalho;
   b. quantitativas – aumentam ou reduzem o trabalho;
   c. circunstanciais – modificam o local de trabalho.
3. **Efeitos**: são favoráveis ou desfavoráveis ao empregado.

— 2.7.1 —
Alterações unilaterais do contrato de trabalho

Alterações unilaterais podem, por vontade do empregador ou do empregado, ser empreendidas no decurso do contrato de trabalho. Algumas hipóteses previstas na CLT são, conforme Leite (2018): empregado que, por determinação do empregador, ocupe cargo em comissão ou, eventualmente, exerça cargo diverso (art. 450); alteração funcional do empregado readaptado (art. 461, § 4º); transferência do empregado detentor de cargo de confiança para outro local de trabalho (art. 469, § 1º); transferência motivada pela extinção do estabelecimento; reversão do empregado estável ao cargo efetivo (art. 499, § 1º); reversão do empregado detentor de função de confiança ao cargo efetivo (art. 468, § 1º). Soma-se a isso a transferência da zona de trabalho do empregado vendedor, conforme previsão do art. 2º, parágrafo 2º, da Lei n. 3.207, de 18 de julho de 1957 (Brasil, 1957).

Em caso de modificação de horário de trabalho, de acordo com a Súmula n. 265, de 21 de novembro de 2003, do TST: "A transferência para o período diurno de trabalho implica a perda do direito ao adicional noturno" (Brasil, 2003k).

Outra alteração concerne à supressão do pagamento do adicional de insalubridade, sobre a qual a Súmula n. 248, de 21 de novembro de 2003, do TST esclarece: "A reclassificação ou a descaracterização da insalubridade, por ato da autoridade competente, repercute na satisfação do respectivo adicional, sem ofensa a direito adquirido ou ao princípio da irredutibilidade salarial" (Brasil, 2003j).

— 2.7.2 —
Alterações bilaterais do contrato de trabalho

As alterações bilaterais ocorrem quando os sujeitos do contrato de trabalho, empregador e empregado, em comum acordo, decidem modificá-lo.

Isso se configura em caso de promoção; alteração da prestação de serviços para teletrabalho (art. 75-C da CLT); conversão do contrato para a modalidade intermitente (art. 452-A da CLT);

flexibilização de direitos trabalhistas por meio de negociação coletiva (art. 611-A da CLT); diminuição da carga horária a pedido do funcionário (Cassar, 2018a).

Exercícios

1) (FGV – 2020 – OAB) Gervásia é empregada na Lanchonete Pará desde fevereiro de 2018, exercendo a função de atendente e recebendo o valor correspondente a um salário mínimo por mês.

   Acerca da cláusula compromissória de arbitragem que o empregador pretende inserir no contrato da empregada, de acordo com a CLT, assinale a afirmativa correta.

   a) A inserção não é possível, porque, no Direito do Trabalho, não cabe arbitragem em lides individuais.

   b) A cláusula compromissória de arbitragem não poderá ser inserida no contrato citado, em razão do salário recebido pela empregada.

   c) Não há mais óbice à inserção de cláusula compromissória de arbitragem nos contratos de trabalho, inclusive no de Gervásia.

   d) A cláusula de arbitragem pode ser inserida em todos os contratos de trabalho, sendo admitida de forma expressa ou tác2ta.

2) (FGV – 2020 – OAB) Enzo é professor de Matemática em uma escola particular na qual atua há oito anos. Após dois anos de namoro e um ano de noivado, irá se casar com Carla, advogada, empregada em um escritório de advocacia há cinco

anos. Sobre o direito à licença pelo casamento, de acordo com a CLT, assinale a afirmativa correta.

a) O casal poderá faltar aos seus empregos respectivos por até três dias úteis para as núpcias.

b) Carla, por ser advogada, terá afastamento de cinco dias e Enzo, por ser professor, poderá faltar por dois dias corridos.

c) Enzo poderá faltar ao serviço por nove dias, enquanto Carla poderá se ausentar por três dias consecutivos.

d) Não há previsão específica, devendo ser acertado o período de afastamento com o empregador, observado o limite de dez dias.

Capítulo 3

Duração da jornada

O empregado, ao ser contratado, deve disponibilizar e praticar seu trabalho em um período diário, semanal ou mensal, sob a supervisão do empregador e de seus prepostos. O limite de duração dessa jornada foi objeto de várias manifestações por parte dos trabalhadores. Seu cotidiano foi fundamentalmente alterado a partir da introdução das máquinas na produção, durante a Revolução Industrial.

> No Brasil, o processo de industrialização começou a se instalar a partir do início século XX. Sem regulamentação alguma, o que vigorava era o regulamento de cada fábrica, e alguns trabalhadores chegavam a trabalhar entre 14 e 18 horas por dia. Data dessa época a organização dos primeiros sindicatos e as primeiras greves, que tinham entre as principais reivindicações a restrição da duração do trabalho. (Brasil, 2021e)

O trabalho em jornadas exaustivas ocorria no ambiente doméstico, no rural e nas fábricas, tanto que, em 1919, quando foi criada a Organização Internacional do Trabalho (OIT), a primeira convenção dessa instituição "tratou justamente da duração de trabalho. A Convenção 1 estabeleceu a adoção do princípio de oito horas diárias ou 48 horas semanais. Em 1935, a Convenção 40 passou a recomendar a jornada de 40 horas semanais" (Brasil, 2021e). Nesse contexto, a matéria foi "regulamentada na Constituição de 1934, que passou a prever que a duração do trabalho seria de oito horas diárias, entre outros direitos" (Brasil, 2021e).

Uma longa jornada de trabalho se reflete na saúde do trabalhador. Estudos feitos na área de segurança e medicina do trabalho detectaram que, quanto mais exaustiva é a jornada de trabalho, maior é a probabilidade de o trabalhador desenvolver doenças relacionadas ao trabalho e de sofrer acidentes nele.

O extinto Ministério do Trabalho, atual Secretaria do Trabalho, vinculada ao Ministério da Economia[1], desempenha um papel importante na fiscalização do ambiente laboral, a qual é conduzida por auditores fiscais do trabalho por meio de denúncia ou inspeção de rotina.

Dessa forma, um expediente de trabalho que oferecesse o mínimo de qualidade de vida ao trabalhador foi definido. Chegou-se à jornada de 8 horas diárias e 44 horas semanais, o que, inclusive, está previsto na Constituição Federal (CF) de 1988, no art. 7º, inciso XIII: "duração do trabalho normal não superior a oito horas diárias e quarenta e quatro semanais, facultada a compensação de horários e a redução da jornada, mediante acordo ou convenção coletiva de trabalho" (Brasil, 1988a).

---

1   Essa configuração de pasta ministerial era a vigente durante a escrita desta obra.

Ainda, o art. 7º da CF de 1988, inciso XIV, prevê a "jornada de seis horas para o trabalho realizado em turnos ininterruptos de revezamento, salvo negociação coletiva" (Brasil, 1988a), os quais são muito utilizados nas atividades que não podem ser paralisadas e divididos nos períodos diurno, vespertino e noturno.

A Consolidação das Leis do Trabalho (CLT) – aprovada pelo Decreto-Lei n. 5.452, de 1º de maio de 1943 (Brasil, 1943) – regulamenta outras espécies de jornada, como a jornada em tempo parcial e a jornada de 12 horas de trabalho por 36 horas de descanso, e estabelece a forma de controle do expediente laboral, que deve ser executado por meio eletrônico, manual ou mecânico para estabelecimentos com mais de 20 empregados.

No decorrer da jornada diária, deve ser respeitado o intervalo obrigatório, chamado de *intrajornada*, **para refeição** – a depender da duração da jornada, pode ser de 15 minutos, 30 minutos, 1 hora e, no máximo, 2 horas. Além disso, o empregado tem direito a um descanso entre os dias de trabalho – por exemplo, em uma jornada semanal, entre o término da jornada de segunda-feira e o começo da de terça-feira, deve haver um intervalo interjornada (ou entre jornadas) de, no mínimo, 11 horas. O descanso semanal remunerado (ou repouso semanal remunerado) também é direito do trabalhador e deve ser concedido todas as semanas e coincidir com pelo menos um domingo no mês.

Se o expediente for excedido ou se não for observado o período de intervalos, descansos semanais, podem-se registrar horas extras, que devem ser remuneradas com o adicional mínimo de 50%. No entanto, muitas empresas já adotaram o regime de banco de horas, que substitui o pagamento das horas extras pela possibilidade de o funcionário aproveitar esse tempo para descansar. A compensação de jornada também é viável, pois o empregado pode trabalhar mais em um dia e diminuir sua carga laboral em outro.

A duração do trabalho, que apresenta sentido amplo, corresponde ao período em que o trabalhador está à disposição do empregador, inclusive os períodos relativos ao descanso semanal e às férias anuais remunerados. Sobre o tempo à disposição, a Lei n. 13.467, de 13 de julho de 2017, alterou a redação do art. 4º da CLT, abrangendo novas situações:

> Art. 4. Considera-se como de serviço efetivo o período em que o empregado esteja à disposição do empregador, aguardando ou executando ordens, salvo disposição especial expressamente consignada.
>
> [...]
>
> § 2º Por não se considerar tempo à disposição do empregador, não será computado como período extraordinário o que exceder a jornada normal, ainda que ultrapasse o limite de cinco minutos previsto no §1º do art. 58 desta Consolidação, quando o empregado, por escolha própria, buscar proteção pessoal, em caso de insegurança na vias públicas ou más condições climáticas, bem como adentrar ou permanecer nas dependências da empresa para exercer atividades particulares, entre outras:
>
> I – práticas religiosas;
>
> II – descanso;

III – lazer;

IV – estudo;

V – alimentação;

VI – atividades de relacionamento social;

VII – higiene pessoal;

VIII – troca de uniforme, quando não houver obrigatoriedade de realizar a troca na empresa. (Brasil, 2017a)

Merece destaque, principalmente, o parágrafo 2º do referido artigo, que traz um rol de situações cotidianas que poderiam, antes do advento da Lei 13.467/2017, configurar tempo à disposição do empregador e eventual pagamento de horas extras. Verifica-se, então, que, se o empregado ficar após sua jornada de trabalho estudando para uma prova da faculdade ou elaborando um trabalho de pós-graduação, por exemplo, esse tempo não será computado como horas extras.

Ao longo deste capítulo, vamos analisar lei, doutrina e jurisprudência relativas à duração da jornada de trabalho.

— 3.1 —
Controle da jornada de trabalho

Ao delimitar a jornada do empregado, o empregador, mesmo o doméstico, deve proceder a seu registro e controle, como demanda o art. 12 da Lei Complementar n. 150, de 1º de junho de 2015: "É obrigatório o registro do horário de trabalho do empregado doméstico por qualquer meio manual, mecânico ou eletrônico, desde que idôneo" (Brasil, 2015a).

Para as outras categorias de empregados, de acordo com o art. 74 da CLT (reproduzido adiante), isso só se faz necessário em empresas com um quadro de funcionários superior a 20; antes do advento da Lei n. 13.874, de 20 de setembro de 2019 (Brasil, 2019a), que institui a Declaração de Direitos de Liberdade Econômica.

> Art. 74. O horário de trabalho será anotado em registro de empregados.
>
> [...]
>
> § 2º Para os estabelecimentos com mais de 20 (vinte) trabalhadores será obrigatória a anotação da hora de entrada e de saída, em registro manual, mecânico ou eletrônico, conforme instruções expedidas pela Secretaria Especial de Previdência e Trabalho do Ministério da Economia, permitida a pré--assinalação do período de repouso.
>
> § 3º Se o trabalho for executado fora do estabelecimento, o horário dos empregados constará do registro manual, mecânico ou eletrônico em seu poder, sem prejuízo do que dispõe o caput deste artigo.
>
> § 4º Fica permitida a utilização de registro de ponto por exceção à jornada regular de trabalho, mediante acordo individual escrito, convenção coletiva ou acordo coletivo de trabalho.

A obrigatoriedade do controle de jornada era para o número de 10 (dez) empregados antes da disposição legal acima transcrita, conforme a Súmula nº 338 do TST:

I - É ônus do empregador que conta com mais de 10 (dez) empregados o registro da jornada de trabalho na forma do art. 74, § 2º, da CLT. A não apresentação injustificada dos controles de frequência gera presunção relativa de veracidade da jornada de trabalho, a qual pode ser elidida por prova em contrário.

II - A presunção de veracidade da jornada de trabalho, ainda que prevista em instrumento normativo, pode ser elidida por prova em contrário.

III - Os cartões de ponto que demonstram horários de entrada e saída uniformes são inválidos como meio de prova, invertendo-se o ônus da prova, relativo às horas extras, que passa a ser do empregador, prevalecendo a jornada da inicial se dele não se desincumbir. (Brasil, 2019a)

Observa-se que o controle de jornada para pequenas empresas não é obrigatório, embora a maioria o faça graças à necessidade de eventual pagamento de horas extras ou gestão de banco de horas. No entanto, existem categorias que não recebem horas extras e não precisam de controle de jornada, como a dos cargos de confiança.

— 3.1.1 —
Cargo de confiança

Os cargos de confiança – chefia, confiança, teletrabalho e externos – não são abrangidos pelo sistema de recebimento de horas extras nem de fixação de horário. Contudo, há exceções elencadas no art. 62 da CLT:

> Art. 62. Não são abrangidos pelo regime previsto neste capítulo:
>
> I – os empregados que exercem atividade externa incompatível com a fixação de horário de trabalho, devendo tal condição ser anotada na Carteira de Trabalho e Previdência Social e no registro de empregados;
>
> II – os gerentes, assim considerados os exercentes de cargos de gestão, aos quais se equiparam, para efeito do disposto neste artigo, os diretores e chefes de departamento ou filial.
>
> III – os empregados em regime de teletrabalho.
>
> Parágrafo único – O regime previsto neste capítulo será aplicável aos empregados mencionados no inciso II deste artigo, quando o salário do cargo de confiança, compreendendo a gratificação de função, se houver, for inferior ao valor do respectivo salário efetivo acrescido de 40% (quarenta por cento).
> (Brasil, 1943)

Os empregados que não precisam ser submetidos à gestão de jornada não recebem horas extras, tendo em vista que, para os cargos de gestão e confiança, existe a previsão de recebimento de, pelo menos, 40% acrescido ao salário – já para as outras modalidades inexiste a possibilidade de controle. No entanto, apesar de não haver previsão em lei, na prática trabalhadores externos são controlados pelo localizador do celular, rastreamento por GPS, e muitas vezes obrigados a fazer "check-in" no local em que se encontram.

Veja o caso de um motorista que era monitorado por rastreamento via satélite do veículo, o que foi entendido pelo Tribunal Superior do Trabalho (TST) como uma forma de controle de jornada:

> TRABALHO EXTERNO. POSSIBILIDADE DE FISCALIZAÇÃO DA JORNADA DE TRABALHO. VEÍCULO COM RASTREADOR. Nos termos do art. 62, I, da CLT, apenas os empregados que desenvolvem atividade externa incompatível com a fixação de horário de trabalho não têm direito às horas extras. Do exame do acórdão regional, infere-se a possibilidade de controle da jornada do empregado, pois o veículo utilizado pelo autor era equipado com dispositivo de rastreamento via satélite. A jurisprudência desta Corte Superior firmou entendimento de que o sistema de monitoramento e rastreamento viabiliza o controle de jornada do empregado. Precedentes. Desse modo, a atividade exercida não se revelou incompatível com a fiscalização da jornada. Recurso de revista conhecido por má-aplicação do art. 62, I, da CLT e provido.
>
> CONCLUSÃO: Recurso de revista parcialmente conhecido e provido. (Brasil, 2018c).

Outro exemplo de controle de trabalhador externo é o chamado *controle indireto*, feito por meio de celular corporativo. Transcrevemos trecho de interessante decisão proferida pelo TST:

> TRABALHO EXTERNO. CELULAR CORPORATIVO. CONTROLE INDIRETO DA JORNADA. COMPATIBILIDADE. O Tribunal Regional reformou a sentença e excluiu da condenação o pagamento de horas extras e do intervalo intrajornada, sob o fundamento de que o reclamante se enquadrava na exceção do art. 62, I, da CLT, esclarecendo que o fato de portar celular corporativo, por si só, não revela controle do horário de trabalho. De fato, ao trabalhador externo se atribui uma presunção relativa de que não é possível o controle de sua jornada. No entanto, tal presunção pode ser afastada por prova em contrário. No caso, é incontroverso (em razão de ausência de impugnação específica) que o reclamante utilizava celular corporativo na execução de suas atividades externas, bem como que o aparelho para dar baixa nas visitas realizadas aos clientes diretamente no sistema da empresa. Cumpre observar que a inserção de *smartphones* na dinâmica da organização do trabalho é indiscutível avanço que decorre do desenvolvimento global na última década, com reflexos tanto na qualidade da execução quanto no controle das tarefas do empregado. Neste contexto, verifica-se o controle indireto de horário pelo empregador apto a afastar o enquadramento na exceção do art. 62, I, da CLT. Precedentes. Recurso de revista conhecido e provido. (Brasil, 2020h).

Percebe-se que, mesmo que os empregados sejam liberados de um controle, o empregador acaba praticando-o ao inspecionar a jornada deles.

— 3.2 —
Espécies de jornada

Dependendo da atividade empresarial, existe a necessidade de organização e escala de horários dos empregados. A duração da jornada de trabalho é, assim, fixada em função da atividade e/ou do setor desses sujeitos e, por isso, costuma variar. Para uma melhor compreensão das jornadas, citamos algumas espécies:

- jornada de trabalho por tempo parcial;
- jornada de trabalho de 6 horas diárias e 36 horas semanais;
- jornada de 6 horas diárias e 30 horas semanais;
- jornada de 5 horas diárias e 30 horas semanais;
- jornada de 8 horas diárias e 44 horas semanais;
- jornada de 12 horas de trabalho por 36 horas de descanso;
- jornada noturna: hora reduzida;
- turnos ininterruptos de revezamento.

Abordaremos mais sobre elas nos tópicos seguintes.

— 3.2.1 —
Jornada de trabalho por tempo parcial

A jornada de trabalho por tempo parcial ou regime de tempo parcial está prevista no art. 58-A da CLT:

> Art. 58-A. Considera-se trabalho em regime de tempo parcial aquele cuja duração não exceda a trinta horas semanais, sem a possibilidade de horas suplementares semanais, ou, ainda, aquele cuja duração não exceda a vinte e seis horas semanais, com a possibilidade de acréscimo de até seis horas suplementares semanais.
>
> § 1º O salário a ser pago aos empregados sob o regime de tempo parcial será proporcional à sua jornada, em relação aos empregados que cumprem, nas mesmas funções, tempo integral.
>
> § 2º Para os atuais empregados, a adoção do regime de tempo parcial será feita mediante opção manifestada perante a empresa, na forma prevista em instrumento decorrente de negociação coletiva.
>
> § 3º As horas suplementares à duração do trabalho semanal normal serão pagas com o acréscimo de 50% (cinquenta por cento) sobre o salário-hora normal.
>
> § 4º Na hipótese de o contrato de trabalho em regime de tempo parcial ser estabelecido em número inferior a vinte e seis horas semanais, as horas suplementares a este quantitativo serão consideradas horas extras para fins do pagamento estipulado no § 3º, estando também limitadas a seis horas suplementares semanais.

§ 5º As horas suplementares da jornada de trabalho normal poderão ser compensadas diretamente até a semana imediatamente posterior à da sua execução, devendo ser feita a sua quitação na folha de pagamento do mês subsequente, caso não sejam compensadas.

§ 6º É facultado ao empregado contratado sob regime de tempo parcial converter um terço do período de férias a que tiver direito em abono pecuniário.

§ 7º As férias do regime de tempo parcial são regidas pelo disposto no art. 130 desta Consolidação. (Brasil, 1943)

Esta jornada é muito comum no setor do comércio, em restaurantes, bares, cafés e lojas de conveniência, por exemplo.

— 3.2.2 —
Jornada de trabalho de 6 horas diárias e 36 horas semanais

Na jornada de 36 horas semanais e 6 horas diárias, o empregado trabalha, como pressuposto, 6 horas por dia, tendo direito a um intervalo intrajornada de, no mínimo, 15 minutos. Esse é o caso dos empregados nos serviços de telefonia, de telegrafia submarina e subfluvial, de radiotelegrafia e de radiotelefonia (Brasil, 1943, art. 227).

— 3.2.3 —
Jornada de 6 horas diárias e 30 horas semanais

A jornada de 30 horas semanais e 6 horas diárias tem previsão para a categoria dos bancários e é caracterizada pelo art. 224 da CLT:

> Art. 224. A duração normal do trabalho dos empregados em bancos, casas bancárias e Caixa Econômica Federal será de 6 (seis) horas contínuas nos dias úteis, com exceção dos sábados, perfazendo um total de 30 (trinta) horas de trabalho por semana.
>
> § 1º A duração normal do trabalho estabelecida neste artigo ficará compreendida entre sete e vinte e duas horas, assegurando-se ao empregado, no horário diário, um intervalo de quinze minutos para alimentação.
>
> § 2º As disposições deste artigo não se aplicam aos que exercem funções de direção, gerência, fiscalização, chefia e equivalentes ou que desempenhem outros cargos de confiança desde que o valor da gratificação não seja inferior a um terço do salário do cargo efetivo. (Brasil, 1943)

Nesse sentido, é interessante destacar a Súmula n. 124, de 30 de junho de 2017, do TST, que traz a forma de calcular a hora de trabalho do empregado bancário, podendo ser de 8 horas diárias e 44 horas semanais:

BANCÁRIO. SALÁRIO-HORA. DIVISOR.

I – o divisor aplicável para o cálculo das horas extras do bancário será:

a) 180, para os empregados submetidos à jornada de seis horas prevista no *caput* do art. 224 da CLT;

b) 220, para os empregados submetidos à jornada de oito horas, nos termos do § 2º do art. 224 da CLT.

II – Ressalvam-se da aplicação do item anterior as decisões de mérito sobre o tema, qualquer que seja o seu teor, emanadas de Turma do TST ou da SBDI-I, no período de 27/09/2012 até 21/11/2016, conforme a modulação aprovada no precedente obrigatório firmado no Incidente de Recursos de Revista Repetitivos nº TST-IRR-849-83.2013.5.03.0138, DEJT 19.12.2016. (Brasil, 2017c, grifo do original)

Portanto, é dever observar os parâmetros da súmula ora citada.

— 3.2.4 —
Jornada de 5 horas diárias e 30 horas semanais

Os jornalistas também desfrutam de uma jornada especial, que se encontra regulamentada no art. 303 da CLT: "A duração normal do trabalho dos empregados compreendidos nesta Seção não deverá exceder de 5 (cinco) horas, tanto de dia como à noite", o que totaliza 30 horas semanais (Brasil, 1943).

— 3.2.5 —
Jornada de 8 horas diárias e 44 horas semanais

A jornada de 44 horas semanais e 8 horas diárias é apresentada no art. 7º, inciso XIII, da CF de 1988: "duração do trabalho normal não superior a oito horas diárias e quarenta e quatro semanais, facultada a compensação de horários e a redução da jornada, mediante acordo ou convenção coletiva de trabalho" (Brasil, 1988a).

Acerca dessa modalidade, a CLT, em seu art. 58, dispõe: "A duração normal do trabalho, para os empregados em qualquer atividade privada, não excederá de 8 (oito) horas diárias, desde que não seja fixado expressamente outro limite" (Brasil, 1943).

— 3.2.6 —
Jornada de 12 horas de trabalho por 36 horas de descanso

A jornada 12×36, ou seja, 12 horas de trabalho e 36 horas de descanso, antes de ser regulamentada pela CLT, já era adotada, por exemplo, nas categorias de enfermagem, vigilância e portarias. Foi normalizada por meio de negociação coletiva e validada pela Súmula n. 444, de 27 de setembro de 2012, do TST, que disciplina sua validade nos seguintes termos:

JORNADA DE TRABALHO. NORMA COLETIVA. LEI. ESCALA DE 12 POR 36. VALIDADE.

É válida, em caráter excepcional, a jornada de doze horas de trabalho por trinta e seis de descanso, prevista em lei ou ajustada exclusivamente mediante acordo coletivo de trabalho ou convenção coletiva de trabalho, assegurada a remuneração em dobro dos feriados trabalhados. O empregado não tem direito ao pagamento de adicional referente ao labor prestado na décima primeira e décima segunda horas. (Brasil, 2012e, grifo do original)

A Lei n. 13.467/2017, por sua vez, incluiu na CLT o art. 59-A:

> Art. 59-A. Em exceção ao disposto no art. 59 desta Consolidação, é facultado às partes, mediante acordo individual escrito, convenção coletiva ou acordo coletivo de trabalho, estabelecer horário de trabalho de doze horas seguidas por trinta e seis horas ininterruptas de descanso, observados ou indenizados os intervalos para repouso e alimentação.
>
> Parágrafo único. A remuneração mensal pactuada pelo horário previsto no caput deste artigo abrange os pagamentos devidos pelo descanso semanal remunerado e pelo descanso em feriados, e serão considerados compensados os feriados e as prorrogações de trabalho noturno, quando houver, de que tratam o art. 70 e o § 5º do art. 73 desta Consolidação. (Brasil, 1943)

Tal ajuste foi motivado pelo fato de vários acordos e convenções coletivas já preverem essa modalidade de jornada.

— 3.2.7 —
Jornada noturna

A jornada noturna inicia-se às 22 horas e termina às 5 horas. A hora de trabalho é reduzida, cuja remuneração deve contemplar adicional noturno de, no mínimo, 20%, tendo em vista que o trabalho nesse período é mais desgastante do que no diurno.

A CLT regulamenta essa modalidade no art. 73, nos seguintes termos:

> Art. 73. Salvo nos casos de revezamento semanal ou quinzenal, o trabalho noturno terá remuneração superior a do diurno e, para esse efeito, sua remuneração terá um acréscimo de 20 % (vinte por cento), pelo menos, sobre a hora diurna.
>
> § 1º A hora do trabalho noturno será computada como de 52 minutos e 30 segundos.
>
> § 2º Considera-se noturno, para os efeitos deste artigo, o trabalho executado entre as 22 horas de um dia e as 5 horas do dia seguinte. (Brasil, 1943)

A jornada noturna é proibida para trabalhadores menores de 18 anos e para menores aprendizes, como determina o art. 7º, inciso XXXIII, da CF de 1988.

O adicional noturno integra o salário. Se a jornada noturna for prorrogada para além das 5 horas da manhã, as horas excedentes devem ser consideradas jornada noturna. Nesse sentido, destaca-se a Súmula n. 60, de 25 de abril de 2005, do TST:

ADICIONAL NOTURNO. INTEGRAÇÃO NO SALÁRIO E PRORROGAÇÃO EM HORÁRIO DIURNO.

I – O adicional noturno, pago com habitualidade, integra o salário do empregado para todos os efeitos.

II – Cumprida integralmente a jornada no período noturno e prorrogada esta, devido é também o adicional quanto às horas prorrogadas. Exegese do art. 73, § 5º, da CLT. (Brasil, 2005a, grifo do original)

Com relação à jornada noturna, deve-se verificar, portanto, o adicional estipulado em acordo coletivo de trabalho ou convenção coletiva de trabalho (ACT/CCT), pois, muitas vezes, em negociação coletiva, o adicional pode ser maior e mais vantajoso para o empregado.

— 3.2.8 —
Turnos ininterruptos de revezamento

A jornada constituída por turnos ininterruptos de revezamento é citada no art. 7º, inciso XIV, da CF de 1988: "jornada de seis horas para o trabalho realizado em turnos ininterruptos de revezamento, salvo negociação coletiva" (Brasil, 1988a).

A obrigatoriedade da negociação coletiva encontra-se, também, na Súmula n. 423, de 13 de outubro de 2006, do TST: "estabelecida jornada superior a seis horas e limitada a oito horas por meio de regular negociação coletiva, os empregados submetidos a turnos ininterruptos de revezamento não têm direito ao pagamento da 7ª e 8ª horas como extras" (Brasil, 2006). Adota-se essa jornada para categorias que, graças ao tipo de trabalho, não podem interrompê-la, como petroleiros, operadores de guindastes e ferroviários.

A Súmula n. 360, de 21 de novembro de 2003, do TST, sobre os turnos ininterruptos, dispõe que: "a interrupção do trabalho destinada a repouso e alimentação, dentro de cada turno, ou o intervalo para repouso semanal, não descaracteriza o turno de revezamento com jornada de 6 (seis) horas previsto no art. 7º, XIV, da CF/1988" (Brasil, 2003p).

— 3.3 —
Horas extras

Após analisar várias espécies de jornada, verifica-se que podem englobar horas extras, desde que não seja ultrapassado o máximo de duas horas diárias. Sobre tal questão, o art. 59 da CLT determina: "A duração diária do trabalho poderá ser acrescida de horas extras, em número não excedente de duas, por acordo individual, convenção coletiva ou acordo coletivo de trabalho" (Brasil, 1943).

Quando as horas extras forem feitas pelo empregado, deve ser realizado o pagamento do adicional destas, conforme solicitam o art. 7º da CF de 1988, inciso XVI: "remuneração do serviço extraordinário superior, no mínimo, em cinquenta por cento à do normal" (Brasil, 1988a); e o art. 59, parágrafo 1º, da CLT: "a remuneração da hora extra será, pelo menos, 50% (cinquenta por cento) superior à da hora normal" (Brasil, 1943).

— 3.3.1 —
Exceção ao pagamento de horas extras

Existem situações em que o empregado trabalha em jornada elastecida, porém não recebe o pagamento das horas adicionais. Trata-se do acordo de compensação e do banco de horas. No primeiro caso, o empregado, após acordo com o empregador, trabalha mais em um dia ou em uma semana e compensa trabalhando menos na semana subsequente. Nessa direção, é pertinente citar a Orientação Jurisprudencial (OJ) n. 323 da Seção de Dissídios Individuais – I (SBI-I) – do TST.

> **ACORDO DE COMPENSAÇÃO DE JORNADA. "SEMANA ESPANHOLA". VALIDADE.**
>
> É válido o sistema de compensação de horário quando a jornada adotada é a denominada "semana espanhola", que alterna a prestação de 48 horas em uma semana e 40 horas em outra, não violando os arts. 59, § 2º, da CLT e 7º, XIII, da CF/88 o seu ajuste mediante acordo ou convenção coletiva de trabalho. (Brasil, 2003a, grifo do original)

Destaca-se, também, o art. 59, parágrafo 2º, da CLT:

Art. 59. [...]

§ 2º Poderá ser dispensado o acréscimo de salário se, por força de acordo ou convenção coletiva de trabalho, o excesso de horas em um dia for compensado pela correspondente diminuição em outro dia, de maneira que não exceda, no período máximo de um ano, à soma das jornadas semanais de trabalho previstas, nem seja ultrapassado o limite máximo de dez horas diárias. (Brasil, 1943)

No segundo caso, o banco de horas configura a modalidade de compensação em que o empregado extrapola a jornada diária ou semanal e não recebe pelas horas extras, contexto no qual pode ser pactuado por acordo individual escrito, desde que a compensação ocorra no período máximo de 6 meses (Brasil, 1943, art. 59, § 5º).

— 3.4 —
Intervalos

Cada jornada de trabalho pode contar com os seguintes períodos de pausa: intervalo dentro da jornada para refeição, o chamado *intervalo intrajornada*; e intervalo para descanso entre dias de trabalho, denominado *intervalo entre jornadas*. Verificam-se ainda os intervalos especiais e os descansos semanais.

— 3.4.1 —
Intervalo intrajornada

Na jornada de 4 a 6 horas, deve haver intervalo mínimo de 15 minutos (art. 71, § 1º, da CLT). Em uma jornada de 6 a 8 horas, o intervalo deve ser de, no mínimo, 1 hora e, no máximo, 2 horas (art. 71 da CLT), e para as jornadas acima de 8 horas, o intervalo previsto também é de, no mínimo, 1 hora e, no máximo, 2 horas (art. 71 da CLT). O limite mínimo de 1 hora para repouso ou refeição pode, ainda, ser reduzido, respeitados os requisitos previstos em lei (art. 71, § 3º, da CLT). Não oferecido intervalo, a penalidade é o pagamento, de natureza indenizatória, apenas do período suprimido, com acréscimo de 50% sobre o valor da remuneração da hora normal de trabalho (Brasil, 1943, art. 71, § 4º).

Para consolidar a compreensão do tema, é importante transcrever o art. 71 da CLT:

> Art. 71. Em qualquer trabalho contínuo, cuja duração exceda de 6 (seis) horas, é obrigatória a concessão de um intervalo para repouso ou alimentação, o qual será, no mínimo, de 1 (uma) hora e, salvo acordo escrito ou contrato coletivo em contrário, não poderá exceder de 2 (duas) horas.
>
> § 1º Não excedendo de 6 (seis) horas o trabalho, será, entretanto, obrigatório um intervalo de 15 (quinze) minutos quando a duração ultrapassar 4 (quatro) horas.

§ 2º Os intervalos de descanso não serão computados na duração do trabalho.

§ 3º O limite mínimo de uma hora para repouso ou refeição poderá ser reduzido por ato do Ministro do Trabalho, Indústria e Comércio, quando ouvido o Serviço de Alimentação de Previdência Social, se verificar que o estabelecimento atende integralmente às exigências concernentes à organização dos refeitórios, e quando os respectivos empregados não estiverem sob regime de trabalho prorrogado a horas suplementares.

§ 4º A não concessão ou a concessão parcial do intervalo intrajornada mínimo, para repouso e alimentação, a empregados urbanos e rurais, implica o pagamento, de natureza indenizatória, apenas do período suprimido, com acréscimo de 50% (cinquenta por cento) sobre o valor da remuneração da hora normal de trabalho.

§ 5º O intervalo expresso no caput poderá ser reduzido e/ou fracionado, e aquele estabelecido no § 1o poderá ser fracionado, quando compreendidos entre o término da primeira hora trabalhada e o início da última hora trabalhada, desde que previsto em convenção ou acordo coletivo de trabalho, ante a natureza do serviço e em virtude das condições especiais de trabalho a que são submetidos estritamente os motoristas, cobradores, fiscalização de campo e afins nos serviços de operação de veículos rodoviários, empregados no setor de transporte coletivo de passageiros, mantida a remuneração e concedidos intervalos para descanso menores ao final de cada viagem. (Brasil, 1943)

O intervalo intrajornada foi concebido para que os empregados tenham direito a uma pausa, geralmente no meio da jornada, para alimentação e descanso, contexto no qual, por meio de negociação coletiva, o intervalo de uma hora pode ser diminuído para trinta minutos sem qualquer tipo de penalidade para o empregador.

— 3.4.2 —
Intervalos especiais

Segundo a CLT, para os "serviços permanentes de mecanografia (datilografia, escrituração ou cálculo), a cada período de 90 (noventa) minutos de trabalho consecutivo corresponderá um repouso de 10 (dez) minutos não deduzidos da duração normal de trabalho" (Brasil, 1943, art. 72).

Ante a proximidade com as atividades de mecanografia, o intervalo determinado no referido art. 72 é aplicado, por analogia, aos serviços dos digitadores nos termos da Súmula n. 346, de 21 de novembro de 2003, do TST: "os digitadores [...] equiparam-se aos trabalhadores nos serviços de mecanografia (datilografia, escrituração ou cálculo), razão pela qual têm direito a intervalos de descanso de 10 (dez) minutos a cada 90 (noventa) de trabalho consecutivo" (Brasil, 2003o).

Para a categoria dos bancários, o intervalo é de 15 minutos para alimentação (Brasil, 1943, art. 224, § 1º).

Por sua vez, para os empregados que trabalham em frigoríficos ou no interior de câmaras frigoríficas e

> para os que movimentam mercadorias do ambiente quente ou normal para o frio e vice-versa, depois de 1 (uma) hora e 40 (quarenta) minutos de trabalho contínuo, será assegurado um período de 20 (vinte) minutos de repouso, computado esse intervalo como de trabalho efetivo. (Brasil, 1943, art. 253).

O não usufruto do intervalo pode ensejar o pagamento de horas extras, conforme decisão proferida pelo TST:

> **RECURSO DE REVISTA. ACÓRDÃO REGIONAL PUBLICADO SOB A ÉGIDE DA LEI Nº 13.015/2014. INTERVALO PARA RECUPERAÇÃO TÉRMICA. NÃO CONCESSÃO. EXPOSIÇÃO AO CALOR. QUADRO 1 DO ANEXO III DA NR-15 DA PORTARIA 3.215/78 DO MTE. PAGAMENTO COMO HORAS EXTRAS.** Consoante a jurisprudência pacífica desta Corte Superior, a não observância dos intervalos para recuperação térmica, previstos no quadro 1 do Anexo III da NR-15 da Portaria 3.215/78 do MTE, resulta no pagamento de horas extras correspondentes ao referido período, conforme exegese aplicada em relação aos intervalos previstos nos arts. 71, § 4º, e 253 da CLT. Precedentes. Recurso de revista conhecido e provido. (Brasil, 2020i, grifo do original)

No caso do trabalhador em minas de subsolo, para "cada período de 3 (três) horas consecutivas de trabalho, será obrigatória uma pausa de 15 (quinze) minutos para repouso, a qual será computada na duração normal de trabalho efetivo" (Brasil, 1943, art. 298).

Para a empregada em fase de amamentação, por sua vez, o art. 396 da CLT prevê:

> Art. 396. Para amamentar seu filho, inclusive se advindo de adoção, até que este complete 6 (seis) meses de idade, a mulher terá direito, durante a jornada de trabalho, a 2 (dois) descansos especiais de meia hora cada um.
>
> § 1º Quando o exigir a saúde do filho, o período de 6 (seis) meses poderá ser dilatado, a critério da autoridade competente.
>
> § 2º Os horários dos descansos previstos no **caput** deste artigo deverão ser definidos em acordo individual entre a mulher e o empregador. (Brasil, 1943, grifo do original)

No caso dos empregados de serviços de telefonia, de telegrafia submarina e subfluvial, de radiotelegrafia e de radiotelefonia, o art. 229 da CLT determina:

> Art. 229. Para os empregados sujeitos a horários variáveis, fica estabelecida a duração máxima de 7 (sete) horas diárias de trabalho e 17 (dezessete) horas de folga, deduzindo-se deste tempo 20 (vinte) minutos para descanso, de cada um dos empregados, sempre que se verificar um esforço contínuo de mais de 3 (três) horas. (Brasil, 1943)

Os médicos, em sua jornada de trabalho, conforme dispõe o art. 8º, parágrafo 1º, da Lei n. 3.999, de 15 de dezembro de 1961 (Brasil, 1961), têm 10 minutos de descanso para cada 90 minutos trabalhados.

Para os trabalhadores em teleatendimento ou *telemarketing*, de acordo com o Anexo II da Norma Regulamentadora n. 17 (Brasil, 2020b), com base na Portaria do Ministério do Trabalho e Previdência Social (MTPS) n. 3.214, de 8 de junho de 1978 (Brasil, 1978b):

> 5.4.1. As pausas deverão ser concedidas:
>
> a) fora do posto de trabalho;
>
> b) em 02 (dois) períodos de 10 (dez) minutos contínuos;
>
> c) após os primeiros e antes dos últimos 60 (sessenta) minutos de trabalho em atividade de teleatendimento/telemarketing.
>
> 5.4.1.1. A instituição de pausas não prejudica o direito ao intervalo obrigatório para repouso e alimentação previsto no §1º do Artigo 71 da CLT.
>
> 5.4.2. O intervalo para repouso e alimentação para a atividade de teleatendimento/telemarketing deve ser de 20 (vinte) minutos.
>
> 5.4.3. Para tempos de trabalho efetivo de teleatendimento/telemarketing de até 04 (quatro) horas diárias, deve ser observada a concessão de 01 pausa de descanso contínua de 10 (dez) minutos. (Brasil, 2020b)

Constata-se, portanto, que os intervalos variam de acordo com as categorias de profissionais e devem ser respeitados.

— 3.4.3 —
Intervalo entre jornadas

Além do intervalo para descanso intrajornada, o empregado tem direito a um descanso que se inicia no término de uma jornada e no início do outro dia de trabalho. A Figura 3.1 apresenta um esquema exemplificativo.

Figura 3.1 – Intervalos interjornadas

Segunda--feira	Terça--feira	Quarta--feira	Quinta--feira	Sexta--feira	Sábado	Domingo
jornada de 8h	jornada de 8h	jornada de 8h	jornada de 8h	jornada de 8h	DSR	DSR

(11 horas entre cada jornada; Descanso semanal)

O intervalo entre jornadas é o período para descanso entre dias de trabalho, ou seja, deve ser concedido ao empregado entre duas jornadas de trabalho o intervalo mínimo de 11 horas (art. 66 da CLT).

— 3.5 —
Descanso semanal remunerado

O descanso semanal remunerado (DSR) está previsto no art. 67 da CLT: "será assegurado a todo empregado um descanso semanal de 24 (vinte e quatro) horas consecutivas, o qual, salvo motivo de conveniência pública ou necessidade imperiosa do serviço, deverá coincidir com o domingo, no todo ou em parte" (Brasil, 1943).

O DSR também está previsto na Lei n. 605, de 5 de janeiro de 1949 (Brasil, 1949). Se não for respeitado seu usufruto, devem-se remunerar horas extras, conforme previsão da Súmula n. 110, de 21 de novembro de 2003, do TST: "no regime de revezamento, as horas trabalhadas em seguida ao repouso semanal de 24 horas, com prejuízo do intervalo mínimo de 11 horas consecutivas para descanso entre jornadas, devem ser remuneradas como extraordinárias, inclusive com o respectivo adicional" (Brasil, 2003f).

Exercícios

1) (FGV – 2019 – OAB) Vera Lúcia tem 17 anos e foi contratada como atendente em uma loja de conveniência, trabalhando em escala de 12×36, no horário de 19 horas às 7 horas, com pausa alimentar de 1 hora. Essa escala é prevista no acordo coletivo assinado pela loja com o sindicato de classe, em vigor. A empregada teve a CTPS assinada e tem, como atribuições, auxiliar os clientes, receber o pagamento das compras e dar o troco quando necessário.

Diante do quadro apresentado e das normas legais, assinale a afirmativa correta.

a) A hipótese trata de trabalho proibido.
b) O contrato é plenamente válido.
c) A situação retrata caso de atividade com objeto ilícito.
d) Por ter 17 anos, Vera Lúcia fica impedida de trabalhar em escala 12×36, devendo ser alterada a jornada.

2) (FGV – 2019 – OAB) Fábio trabalha em uma mineradora como auxiliar administrativo. A sociedade empresária, espontaneamente, sem qualquer previsão em norma coletiva, fornece ônibus para o deslocamento dos funcionários para o trabalho, já que ela se situa em local cujo transporte público modal passa apenas em alguns horários, de forma regular, porém insuficiente para a demanda. O fornecimento do transporte pela empresa é gratuito, e Fábio despende cerca de 1 hora para ir e 1 hora para voltar do trabalho no referido transporte. Além do tempo de deslocamento, Fábio trabalha em uma jornada de 8 horas, com 1 hora de pausa para repouso e alimentação. Insatisfeito, ele procura você, como advogado(a), a fim de saber se possui algum direito a reclamar perante a Justiça do Trabalho.

Considerando que Fábio foi contratado em dezembro de 2017, bem como a legislação em vigor, assinale a afirmativa correta.

a) Fábio faz jus a 2 horas extras diárias, em razão do tempo despendido no transporte.
b) Fábio não faz jus às horas extras, pois o transporte fornecido era gratuito.

c) Fábio faz jus às horas extras, porque o transporte público era insuficiente, sujeitando o trabalhador aos horários estipulados pelo empregador.

d) Fábio não faz jus a horas extras, porque o tempo de transporte não é considerado tempo à disposição do empregador.

3) (FGV – 2019 – OAB) Rita de Cássia é enfermeira em um hospital desde 10/01/2018, no qual trabalha em regime de escala de 12×36, no horário das 7 horas às 19 horas. Tal escala encontra-se prevista na convenção coletiva da categoria da empregada. Alguns plantões cumpridos por Rita de Cássia coincidiram com domingos e outros, com feriados. Em razão disso, a empregada solicitou ao seu gestor que as horas cumpridas nesses plantões fossem pagas em dobro.

Sobre a pretensão da empregada, diante do que preconiza a CLT, assinale a afirmativa correta.

a) Ela fará jus ao pagamento com adicional de 100% apenas nos feriados.

b) Ela não terá direito ao pagamento em dobro nem nos domingos nem nos feriados.

c) Ela terá direito ao pagamento em dobro da escala que coincidir com o domingo.

d) Ela receberá em dobro as horas trabalhadas nos domingos e feriados.

Capítulo 4

Salário e remuneração:
conceito e características

Uma das características do contrato de trabalho é a onerosidade, ou seja, o pagamento feito pelo empregador em razão do trabalho prestado pelo empregado, o qual leva em consideração, no momento da candidatura à vaga de emprego, além da função que vai exercer, esse valor que configura o salário. Existem várias teorias que explicam a natureza jurídica do trabalho, sendo admitidas a teoria da contraprestação do trabalho, a teoria do crédito alimentício e a teoria da personalidade (Leite, 2020).

O **salário** "é a totalidade de percepções econômicas dos trabalhadores, em dinheiro ou espécie, pela prestação profissional dos serviços por conta alheia, que retribuam o trabalho efetivo, qualquer que seja a forma de remuneração, ou os períodos de descanso computáveis como de trabalho" (Nascimento; Nascimento, 2018, p. 379).

A **remuneração**, por sua vez, é a soma de parcelas pagas ao empregado periodicamente, incluindo as atribuições econômicas emanadas diretamente do empregador, como comissões, gratificações, adicionais, prêmios, gorjetas, etc. Conforme previsto no art. 457 da Consolidação das Leis do Trabalho (CLT), aprovada pelo Decreto-Lei n. 5.452, de 1º de maio de 1943 (Brasil, 1943), a remuneração engloba o salário mais as parcelas de natureza salarial. Esse instrumento legal ainda estabelece:

Art. 457. Compreendem-se na remuneração do empregado, para todos os efeitos legais, além do salário devido e pago diretamente pelo empregador, como contraprestação do serviço, as gorjetas que receber.

§ 1º Integram o salário a importância fixa estipulada, as gratificações legais e as comissões pagas pelo empregador.

§ 2º As importâncias, ainda que habituais, pagas a título de ajuda de custo, auxílio-alimentação, vedado seu pagamento em dinheiro, diárias para viagem, prêmios e abonos não integram a remuneração do empregado, não se incorporam ao contrato de trabalho e não constituem base de incidência de qualquer encargo trabalhista e previdenciário.

§ 3º Considera-se gorjeta não só a importância espontaneamente dada pelo cliente ao empregado, como também o valor cobrado pela empresa, como serviço ou adicional, a qualquer título, e destinado à distribuição aos empregados.

§ 4º Consideram-se prêmios as liberalidades concedidas pelo empregador em forma de bens, serviços ou valor em dinheiro a empregado ou a grupo de empregados, em razão de desempenho superior ao ordinariamente esperado no exercício de suas atividades.

Conclui-se, com base no exposto, que a remuneração é o gênero e o salário e as parcelas salariais são espécies que compõem a remuneração. Observe o esquema da Figura 4.1.

Figura 4.1 – Diferença entre salário e remuneração

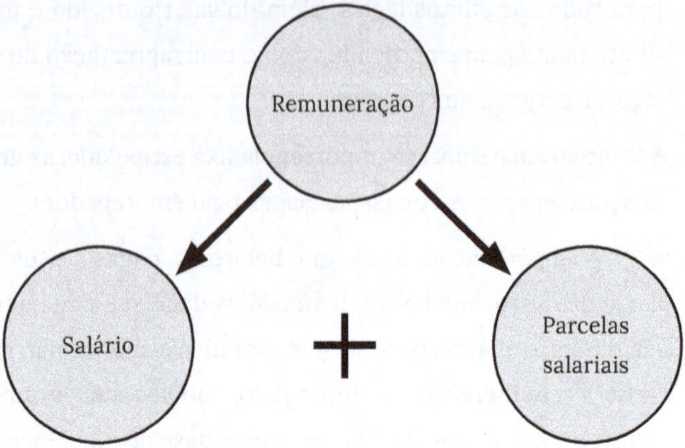

```
        Remuneração
        /         \
     Salário  +  Parcelas
                 salariais
```

{ Salário por unidade de tempo
  Salário normativo
  Salário por produtividade
  Salário profissional

  Salário por unidade de obra
  Salário por tarefa
  Salário mínimo
  Salário contratual
  Salário da categoria }

{ Gorjetas
  Comissões
  Gratificações
  Horas extras
  13º salário
  Salário-maternidade
  Adicionais (tempo de serviço) { Insalubridade, Periculosidade, Noturno, Transferência }
  Abonos }

Na figura, verificam-se as formas de pagamento do salário e as parcelas que compõem a remuneração.

— 4.1 —
Espécies de salário

Quando um sujeito busca oportunidades de trabalho, muitas vezes o chamariz da vaga de emprego é o salário anunciado. Essa remuneração pode ser estabelecida de diversas formas (Barros, 2007).

O **salário por unidade de tempo** é fixado de acordo com a duração do trabalho, sendo pago por hora, dia, semana, quinzena ou mês. Já o **salário por unidade de obra** é decorrente da quantidade de itens produzidos pelo trabalhador. O **salário por tarefa**, por sua vez, é a soma do salário por unidade de tempo e da quantidade produzida (Barros, 2007).

Esse ordenado pode ser definido com base no **salário normativo** que é estipulado por meio de uma decisão judicial proferida pela Justiça do Trabalho em ações de dissídios coletivos. Também pode servir de parâmetro o **salário profissional**, que está previsto em regulamentação de profissões por leis especiais, como engenheiros, médicos e advogados, as quais estabelecem seu piso salarial.

Outra forma de pagamento é feita considerando o **salário mínimo**, previsto na Constituição Federal (CF) de 1988 (Brasil, 1988a, art. 7º, IV); ou o **salário contratual**, previsto em contrato de trabalho; ou o **salário da categoria**, previsto em acordo coletivo de trabalho ou em convenção coletiva de trabalho.

Cabe enfatizar que o salário não pode ser quitado através de *truck-system*, que consiste no "pagamento por meio de vales, bônus ou equivalentes para aquisição de mercadoria no estabelecimento do empregador" (Barros, 2007, p. 800).

— 4.2 —
Parcelas salariais

Parcelas salariais são as parcelas que constituem a remuneração e podem compreender: horas extras; comissões, gorjetas e gratificações contratuais; adicional de insalubridade; adicional de periculosidade; adicional de transferência; adicional noturno; adicional por tempo de serviço; salário-família, no que exceder o valor legal obrigatório; gratificação de férias; abono de férias, no valor que exceder a 20 dias do salário (Brasil, 1943, art. 144) – concedido em virtude de cláusula contratual, regulamento de empresa, convenção coletiva de trabalho (CCT) ou acordo coletivo de trabalho (ACT); valor do terço constitucional de férias (Brasil, 1988a, art. 7º, XVII); 13º salário; repouso semanal remunerado (RSR) e feriados civis e religiosos; salário-maternidade; e férias normais gozadas na vigência do contrato de trabalho.

— 4.2.1 —
Horas extras

O pagamento de horas extras integra o salário, uma vez que elas são calculadas com base na hora de trabalho, às quais se soma o percentual mínimo de 50%, podendo ser estipulado percentual maior por meio de negociação coletiva ou regulamento empresarial.

— 4.2.2 —
Comissões, gorjetas e gratificações contratuais

Como vimos na transcrição do art. 457 da CLT, as comissões, gorjetas e gratificações contratuais são verbas de natureza salarial que, incorporadas ao salário, fazem parte da remuneração para fins de recolhimento do Fundo de Garantia do Tempo de Serviço (FGTS), contribuições sociais e Imposto de Renda (IR), quando o valor total da remuneração não estiver na faixa de isenção de pagamento do imposto.

— 4.2.3 —
Adicional de insalubridade

O adicional de insalubridade é um valor pago aos trabalhadores expostos a condições prejudiciais à saúde. Verifica-se quando ocorre a exposição a agentes químicos, físicos e biológicos, a qual pode se configurar nos graus leve, médio e máximo, que requerem a liquidação de um adicional de, respectivamente, 10%, 20% e 40% sob o salário mínimo da região, conforme perícia e classificação do grau de risco da empresa (Brasil, 1943, art. 192).

> Art. 189. Serão consideradas atividades ou operações insalubres aquelas que, por sua natureza, condições ou métodos de trabalho, exponham os empregados a agentes nocivos à saúde, acima dos limites de tolerância fixados em razão da natureza e da intensidade do agente e do tempo de exposição aos seus efeitos. (Brasil, 1943)

A eliminação ou neutralização das condições insalubres pode ser empreendida com o fornecimento pelo empregador de equipamentos de proteção individual (EPIs). Sobre isso, o art. 191 da CLT dispõe:

> Art. 191. A eliminação ou a neutralização da insalubridade ocorrerá:
>
> I – com a adoção de medidas que conservem o ambiente de trabalho dentro dos limites de tolerância;
>
> II – com a utilização de equipamentos de proteção individual ao trabalhador, que diminuam a intensidade do agente agressivo a limites de tolerância.
>
> Parágrafo único. Caberá às Delegacias Regionais do Trabalho, comprovada a insalubridade, notificar as empresas, estipulando prazos para sua eliminação ou neutralização, na forma deste artigo.

Nesse sentido, é pertinente examinar a Súmula n. 448, de 23 de maio de 2014, do Tribunal Superior do Trabalho (TST), que disciplina o seguinte sobre a caracterização da insalubridade:

> **ATIVIDADE INSALUBRE. CARACTERIZAÇÃO. PREVISÃO NA NORMA REGULAMENTADORA Nº 15 DA PORTARIA DO MINISTÉRIO DO TRABALHO Nº 3.214/78. INSTALAÇÕES SANITÁRIAS.**
>
> I – Não basta a constatação da insalubridade por meio de laudo pericial para que o empregado tenha direito ao respectivo adicional, sendo necessária a classificação da atividade insalubre na relação oficial elaborada pelo Ministério do Trabalho.
>
> II – A higienização de instalações sanitárias de uso público ou coletivo de grande circulação, e a respectiva coleta de lixo, por não se equiparar à limpeza em residências e escritórios, enseja o pagamento de adicional de insalubridade em grau máximo, incidindo o disposto no Anexo 14 da NR-15 da Portaria do MTE nº 3.214/78 quanto à coleta e industrialização de lixo urbano. (Brasil, 2014c, grifo do original)

Percebe-se grande controvérsia acerca do pagamento desse adicional, porque a Súmula Vinculante n. 4 do Supremo Tribunal Federal (STF) (Brasil, 2021c) proíbe a utilização do salário mínimo como indexador de base de cálculo. Dessa forma, como o art. 192 da CLT não foi modificado, acaba-se levando em consideração a negociação por meio de ACT/CCT, o que geralmente resulta na definição do salário-base como o parâmetro de cálculo para o pagamento do percentual de insalubridade.

— 4.2.4 —
Adicional de periculosidade

O adicional de periculosidade é pago nos casos em que os trabalhadores são expostos a operações ou atividades perigosas, tais como as que impliquem: contato com explosivos; inflamáveis; roubos ou outras espécies de violência física nas atividades profissionais de segurança pessoal ou patrimonial; atividades realizadas com motocicleta; operações com energia elétrica ou em condições de risco acentuado. Seu valor compreende 30% sobre o salário-base, conforme previsão do art. 193 da CLT.

> Art. 193. São consideradas atividades ou operações perigosas, na forma da regulamentação aprovada pelo Ministério do Trabalho, aquelas que, por sua natureza ou métodos de trabalho, impliquem o contato permanente com inflamáveis ou explosivos em condições de risco acentuado.
>
> § 1º O trabalho em condições de periculosidade assegura ao empregado um adicional de 30% (trinta por cento) sobre o salário sem os acréscimos resultantes de gratificações, prêmios ou participações nos lucros da empresa.
>
> § 2º O empregado poderá optar pelo adicional de insalubridade que porventura lhe seja devido. (Brasil, 1943)

Além desse artigo, há outra situação que autoriza o deferimento do adicional de periculosidade, o que é previsto na Norma Regulamentadora n. 15 da Subsecretaria de Inspeção do Trabalho (SIT) (Brasil, 2020a), para o trabalhador exposto à eletricidade.

Especificamente os empregados que operam em bomba de gasolina têm direito ao recebimento do adicional de periculosidade conforme Súmula n. 39, de 21 de novembro de 2003, do TST (Brasil, 2003d).

Para a base de cálculo do adicional de periculosidade, observa-se a utilização do salário-base, de acordo com a Súmula n. 191, de 2 de dezembro de 2016, do TST, em sua redação de 2003:

> O adicional de periculosidade incide apenas sobre o salário básico e não sobre este acrescido de outros adicionais. Em relação aos eletricitários, o cálculo do adicional de periculosidade deverá ser efetuado sobre a totalidade das parcelas de natureza salarial. (Brasil, 2016b)

Os adicionais elencados há pouco devem ser pagos aos empregados submetidos a situações desfavoráveis É fundamental ressaltar, todavia, que os adicionais de periculosidade e de insalubridade não são cumuláveis – mesmo que o empregado esteja exposto à periculosidade e à insalubridade, ele deve optar pelo recebimento de um dos adicionais.

— 4.2.5 —
Adicional de transferência

O adicional de transferência é considerado uma parcela salarial quando o empregado é transferido de seu domicílio, tendo direito ao percentual de 25%, tal como determina o art. 469 da CLT.

Em complemento a isso, pode-se destacar a Súmula n. 29, de 21 de novembro de 2003, do TST: "Empregado transferido, por ato unilateral do empregador, para local mais distante de sua residência, tem direito a suplemento salarial correspondente ao acréscimo da despesa de transporte" (Brasil, 2003b).

Ainda, de acordo com a Súmula n. 43, de 21 de novembro de 2003, do TST, "presume-se abusiva a transferência de que trata o § 1º do art. 469 da CLT, sem comprovação da necessidade do serviço" (Brasil, 2003e).

— 4.2.6 —
Adicional noturno

O adicional noturno é assegurado aos empregados que laboram na jornada noturna, entre as 22h e as 5h, portanto; e o adicional mínimo corresponde a 20%, em consonância com o art. 73 da CLT.

É importante salientar que, se o turno de trabalho for transferido para o período matutino ou vespertino, o empregado não terá direito à incorporação do adicional à sua remuneração, tendo em vista que se entende que somente o labor noturno traz prejuízos à saúde do trabalhador.

— 4.2.7 —
13º Salário

O 13º salário é uma verba de natureza salarial chamada de *gratificação natalina*, criada pela Lei n. 4.090, de 13 de julho de 1962 (Brasil, 1962), cuja forma de pagamento foi instituída pela Lei n. 4.749, de 12 de agosto de 1965 (Brasil, 1965b), e regulamentada pelo Decreto n. 57.155, de 3 de novembro de 1965 (Brasil, 1965a).

O art. 1º da Lei n. 4.090/1962 estabelece:

> Art. 1º No mês de dezembro de cada ano, a todo empregado será paga, pelo empregador, uma gratificação salarial, independentemente da remuneração a que fizer jus.
>
> § 1º A gratificação corresponderá a 1/12 avos da remuneração devida em dezembro, por mês de serviço, do ano correspondente.
>
> § 2º A fração igual ou superior a 15 (quinze) dias de trabalho será havida como mês integral para os efeitos do parágrafo anterior.
>
> § 3º A gratificação será proporcional:
>
> I – na extinção dos contratos a prazo, entre estes incluídos os de safra, ainda que a relação de emprego haja findado antes de dezembro; e
>
> II – na cessação da relação de emprego resultante da aposentadoria do trabalhador, ainda que verificada antes de dezembro. (Brasil, 1962)

O pagamento do 13º salário pode ser feito em duas parcelas, a última das quais deve ser liquidada até o dia 20 de dezembro do ano corrente, conforme dispõem os arts. 1º e 2º da Lei n. 4.749/1965:

> Art. 1º A gratificação salarial instituída pela Lei número 4.090, de 13 de julho de 1962, será paga pelo empregador até o dia 20 de dezembro de cada ano, compensada a importância que, a título de adiantamento, o empregado houver recebido na forma do artigo seguinte.
>
> Art. 2º Entre os meses de fevereiro e novembro de cada ano, o empregador pagará, como adiantamento da gratificação referida no artigo precedente, de uma só vez, metade do salário recebido pelo respectivo empregado no mês anterior.
>
> § 1º O empregador não estará obrigado a pagar o adiantamento, no mesmo mês, a todos os seus empregados.
>
> § 2º O adiantamento será pago ao ensejo das férias do empregado, sempre que este o requerer no mês de janeiro do correspondente ano. (Brasil, 1965b)

Quando da extinção do contrato de trabalho, dependendo do mês em que isso ocorrer, deve-se pagar o 13º salário de forma proporcional e, se completado o ano, quitá-lo integralmente – direito este que somente é perdido no caso de dispensa por justa causa.

Deve ser observada também a espécie de aviso-prévio. Se este for trabalhado, deve ser pago na fração de 1/12, pois responde aos 30 dias de serviço cumprido. Se for aviso-prévio indenizado, a proporção deve corresponder à quantidade de dias – no mínimo 30 dias e no máximo 90 dias, sendo as frações da quitação do 13º salário 1/12; 2/12 ou 3/12 – aqui o chamaremos de 13º *salário indenizado*.

— 4.2.8 —
Salário-maternidade

O salário-maternidade é o ordenado pago pelo Instituto Nacional de Seguro Social (INSS) à empregada gestante que estiver em gozo de licença-maternidade ou em processo de adoção, segundo dispõem o art. 392-A da CLT e o art. 71-A da Lei n. 8.213, de 24 de julho de 1991:

> Art. 71-A. Ao segurado ou segurada da Previdência Social que adotar ou obtiver guarda judicial para fins de adoção de criança é devido salário-maternidade pelo período de 120 (cento e vinte) dias.
>
> § 1º O salário-maternidade de que trata este artigo será pago diretamente pela Previdência Social.
>
> § 2º Ressalvado o pagamento do salário-maternidade à mãe biológica e o disposto no art. 71-B, não poderá ser concedido o benefício a mais de um segurado, decorrente do mesmo processo de adoção ou guarda, ainda que os cônjuges ou companheiros estejam submetidos a Regime Próprio de Previdência Social. (Brasil, 1991)

Com relação à adoção, o art. 392-A da CLT determina:

> Art. 392-A. À empregada que adotar ou obtiver guarda judicial para fins de adoção de criança ou adolescente será concedida licença-maternidade nos termos do art. 392 desta Lei.
>
> [...]
>
> § 4º A licença-maternidade só será concedida mediante apresentação do termo judicial de guarda à adotante ou guardiã.
>
> § 5º A adoção ou guarda judicial conjunta ensejará a concessão de licença-maternidade a apenas um dos adotantes ou guardiães empregado ou empregada. (Brasil, 1943)

No que se refere às outras empregadas ou trabalhadoras avulsas, o salário-maternidade é pago com base na remuneração integral oferecida antes da concessão dessa licença, como determina o art. 72 da Lei n. 8.213/1991:

> Art. 72. O salário-maternidade para a segurada empregada ou trabalhadora avulsa consistirá numa renda mensal igual a sua remuneração integral.
>
> § 1º Cabe à empresa pagar o salário-maternidade devido à respectiva empregada gestante, efetivando-se a compensação, observado o disposto no art. 248 da Constituição Federal, quando do recolhimento das contribuições incidentes sobre a folha de salários e demais rendimentos pagos ou creditados, a qualquer título, à pessoa física que lhe preste serviço.

§ 2º A empresa deverá conservar durante 10 (dez) anos os comprovantes dos pagamentos e os atestados correspondentes para exame pela fiscalização da Previdência Social.

§ 3º O salário-maternidade devido à trabalhadora avulsa e à empregada do microempreendedor individual de que trata o art. 18-A da Lei Complementar nº 123, de 14 de dezembro de 2006, será pago diretamente pela Previdência Social. (Brasil, 1991)

Assim, o salário-maternidade da empregada contratada por empresas privadas é pago diretamente pelo empregador; e, no caso de empregada doméstica, trabalhadoras avulsas e autônomas, a quitação é feita pelo INSS.

— 4.3 —

Salário *in natura*

De acordo com Leite (2020, p. 550), "salário *in natura* ou salário-utilidade é uma espécie de remuneração em coisas ou serviços distintos de dinheiro, paga diretamente pelo empregador ao empregado em decorrência do contrato de trabalho". Sobre isso, o art. 458 da CLT estabelece:

> Art. 458. Além do pagamento em dinheiro, compreende-se no salário, para todos os efeitos legais, a alimentação, habitação, vestuário ou outras prestações "in natura" que a empresa,

por força do contrato ou do costume, fornecer habitualmente ao empregado. Em caso algum será permitido o pagamento com bebidas alcoólicas ou drogas nocivas.

§ 1º Os valores atribuídos às prestações "in natura" deverão ser justos e razoáveis, não podendo exceder, em cada caso, os dos percentuais das parcelas componentes do salário-mínimo (arts. 81 e 82).

§ 2º Para os efeitos previstos neste artigo, não serão consideradas como salário as seguintes utilidades concedidas pelo empregador:

I – vestuários, equipamentos e outros acessórios fornecidos aos empregados e utilizados no local de trabalho, para a prestação do serviço.

II – educação, em estabelecimento de ensino próprio ou de terceiros, compreendendo os valores relativos a matrícula, mensalidade, anuidade, livros e material didático;

III – transporte destinado ao deslocamento para o trabalho e retorno, em percurso servido ou não por transporte público;

IV – assistência médica, hospitalar e odontológica, prestada diretamente ou mediante seguro-saúde;

V – seguros de vida e de acidentes pessoais;

VI – previdência privada;

[...].

VIII – o valor correspondente ao vale-cultura.

§ 3º A habitação e a alimentação fornecidas como salário-utilidade deverão atender aos fins a que se destinam e não poderão exceder, respectivamente, a 25% (vinte e cinco por cento) e 20% (vinte por cento) do salário-contratual.

§ 4º Tratando-se de habitação coletiva, o valor do salário--utilidade a ela correspondente será obtido mediante a divisão do justo valor da habitação pelo número de coabitantes, vedada, em qualquer hipótese, a utilização da mesma unidade residencial por mais de uma família.

§ 5º O valor relativo à assistência prestada por serviço médico ou odontológico, próprio ou não, inclusive o reembolso de despesas com medicamentos, óculos, aparelhos ortopédicos, próteses, órteses, despesas médico-hospitalares e outras similares, mesmo quando concedido em diferentes modalidades de planos e coberturas, não integram o salário do empregado para qualquer efeito nem o salário de contribuição, para efeitos do previsto na alínea q do § 9º do art. 28 da Lei nº 8.212, de 24 de julho de 1991. (Brasil, 1991)

Destacam-se ainda as seguintes súmulas do TST, que tratam do salário utilidade:

- Súmula n. 241, de 21 de novembro de 2003 (Brasil, 2003i, grifo do original)

    SALÁRIO-UTILIDADE. ALIMENTAÇÃO [...].

    O vale para refeição, fornecido por força do contrato de trabalho, tem caráter salarial, integrando a remuneração do empregado, para todos os efeitos legais.

- Súmula n. 367, de 25 de abril de 2004 (Brasil, 2004, grifo do original)

> **UTILIDADES "IN NATURA". HABITAÇÃO. ENERGIA ELÉTRICA. VEÍCULO. CIGARRO. NÃO INTEGRAÇÃO AO SALÁRIO [...].**
>
> I – A habitação, a energia elétrica e veículo fornecidos pelo empregador ao empregado, quando indispensáveis para a realização do trabalho, não têm natureza salarial, ainda que, no caso de veículo, seja ele utilizado pelo empregado também em atividades particulares.
>
> II – O cigarro não se considera salário utilidade em face de sua nocividade à saúde.

Deve-se observar que o salário *in natura* e o salário utilidade são pagos em razão do trabalho do empregado.

— 4.4 —
Equiparação salarial

A equiparação salarial diz respeito ao tratamento igualitário entre empregados que exercem a mesma função na empresa, atribuindo-lhes o mesmo salário sem nenhum tipo de discriminação. Por isso, deve-se levar em consideração os princípios da igualdade salarial e da equiparação salarial:

> O princípio da equiparação salarial constitui corolário do princípio da igualdade salarial, que surgiu no início do capitalismo

como forma de sanar as diferenças existentes para pagamento dos serviços iguais prestados por homens e mulheres, além do pagamento feito aos estrangeiros nas empresas multinacionais. (Leite, 2021, p. 268)

A equiparação salarial pode ser configurada quando "sendo idêntica a função, a todo trabalho de igual valor, prestado ao mesmo empregador, no mesmo estabelecimento empresarial, corresponderá igual salário, sem distinção de sexo, etnia, nacionalidade ou idade" (Brasil, 1943, art. 461).

Portanto, o parágrafo 1º do art. 461 da CLT considera trabalho de igual valor aquele feito com a mesma perfeição técnica e com igual produtividade entre empregados, em que a diferença de tempo de serviço não seja superior a quatro anos para o mesmo empregador nem superior a dois anos no exercício da função.

A equiparação salarial não será reconhecida:

- se o empregador tiver plano de cargos e salários e empregados organizados em quadro de carreira, seja por meio de norma interna, seja por negociação coletiva;
- se os empregados não tiverem trabalhado no mesmo período na empresa, sendo proibida a indicação de paradigmas remotos;
- para o trabalhador readaptado em nova função por motivo de deficiência física ou mental atestada pelo órgão competente da Previdência Social (Brasil, 1943, art. 461, §§ 2º, 4º e 5º).

No entanto, a Súmula n. 127, de 21 de novembro de 2003, do TST dispõe que, na existência de "quadro de pessoal organizado em carreira, aprovado pelo órgão competente, excluída a hipótese de equiparação salarial, não obsta reclamação fundada em preterição, enquadramento ou reclassificação" (Brasil, 2003g).

Essa equiparação também não é possível para servidores públicos, com fundamento no art. 37 da CF, inciso XIII: "é vedada a vinculação ou equiparação de quaisquer espécies remuneratórias para o efeito de remuneração de pessoal do serviço público" (Brasil, 1988a).

— 4.5 —
Descontos no salário

O empregado pode sofrer descontos no salário, segundo os termos do art. 462 da CLT:

> Art. 462. Ao empregador é vedado efetuar qualquer desconto nos salários do empregado, salvo quando este resultar de adiantamentos, de dispositivos de lei ou convenção coletiva.
>
> § 1º Em caso de dano causado pelo empregado, o desconto será lícito, desde que esta possibilidade tenha sido acordada ou na ocorrência de dolo do empregado.
>
> § 2º É vedado à empresa que mantiver armazém para venda de mercadorias aos empregados ou serviços estimados a proporcionar-lhes prestações " in natura " exercer qualquer coação

ou induzimento no sentido de que os empregados se utilizem do armazém ou dos serviços.

§ 3º Sempre que não for possível o acesso dos empregados a armazéns ou serviços não mantidos pela empresa, é lícito à autoridade competente determinar a adoção de medidas adequadas, visando a que as mercadorias sejam vendidas e os serviços prestados a preços razoáveis, sem intuito de lucro e sempre em benefício dos empregados.

§ 4º Observado o disposto neste Capítulo, é vedado às empresas limitar, por qualquer forma, a liberdade dos empregados de dispor do seu salário.

Com relação aos descontos, destaca-se a Súmula n. 342, de 21 de novembro de 2003, do TST:

DESCONTOS SALARIAIS. ART. 462 DA CLT.

Descontos salariais efetuados pelo empregador, com a autorização prévia e por escrito do empregado, para ser integrado em planos de assistência odontológica, médico-hospitalar, de seguro, de previdência privada, ou de entidade cooperativa, cultural ou recreativo-associativa de seus trabalhadores, em seu benefício e de seus dependentes, não afrontam o disposto no art. 462 da CLT, salvo se ficar demonstrada a existência de coação ou de outro defeito que vicie o ato jurídico. (Brasil, 2003n, grifo do original)

Portanto, para que sejam aplicados descontos ao salário do empregado, este deverá autorizá-los em casos que atue com culpa e decorrentes de planos de saúde, previdência e empréstimos bancários.

Exercícios

1) (FGV – 2020 – OAB) Rafaela trabalha em uma empresa de calçados. Apesar de sua formação como estoquista, foi preterida em uma vaga para tal por ser mulher, o que seria uma promoção e geraria aumento salarial. Depois de 1 mês, a empresa exigiu que todas as funcionárias do sexo feminino apresentassem atestado médico de gravidez. Rafaela, 4 meses após esse fato, engravidou e, ao apresentar atestado médico, teve a jornada reduzida em 2 horas, por se tratar de uma gestação delicada, o que acarretou a redução salarial proporcional. Decorridos 7 meses após o parto, Rafaela foi dispensada. De acordo com a legislação trabalhista em vigor, assinale a opção que contém todas as violações aos direitos trabalhistas de Rafaela.

a) Recusa, fundamentada no sexo, da promoção para a função de estoquista.

b) Recusa, fundamentada no sexo, da promoção para a função de estoquista, exigência de atestado de gravidez e redução salarial.

c) Recusa, fundamentada no sexo, da promoção para a função de estoquista, exigência de atestado de gravidez, redução salarial e dispensa dentro do período de estabilidade gestante.

d) Dispensa dentro do período de estabilidade gestante.

2) (FGV – 2019 – OAB) Rogério foi admitido, em 08/12/2017, em uma locadora de automóveis, como responsável pelo setor de contratos, razão pela qual não necessitava comparecer diariamente à empresa, pois as locações eram feitas *on-line*. Rogério comparecia à locadora uma vez por semana para conferir e assinar as notas de devolução dos automóveis.

Assim, Rogério trabalhava em sua residência, com todo o equipamento fornecido pelo empregador, sendo que seu contrato de trabalho previa expressamente o trabalho remoto a distância e as atividades desempenhadas. Após um ano trabalhando desse modo, o empregador entendeu que Rogério deveria trabalhar nas dependências da empresa. A decisão foi comunicada a Rogério, por meio de termo aditivo ao contrato de trabalho assinado por ele, com 30 dias de antecedência. Ao ser dispensado em momento posterior, Rogério procurou você, como advogado(a), indagando sobre possível ação trabalhista por causa desta situação.

Sobre a hipótese de ajuizamento, ou não, da referida ação, assinale a afirmativa correta.

a) Não se tratando da modalidade de teletrabalho, deverá ser requerida a desconsideração do trabalho em domicílio, já que havia comparecimento semanal nas dependências do empregador.

b) Não deverá ser requerido o pagamento de horas extras pelo trabalho sem limite de horário, dado o trabalho em domicílio, porém poderá ser requerido trabalho extraordinário em virtude das ausências de intervalo de 11h entre os dias de trabalho, bem como o intervalo para repouso e alimentação.

c) Em vista da modalidade de teletrabalho, a narrativa não demonstra qualquer irregularidade a ser requerida em eventual demanda trabalhista.

d) Deverá ser requerido que os valores correspondentes aos equipamentos usados para o trabalho em domicílio sejam considerados salário-utilidade.

3) (FGV – 2019 – OAB) Plínio foi contratado, em 30/11/2017, como auxiliar administrativo de uma fábrica de motores. Graças ao seu ótimo desempenho, foi promovido, passando a gerente de operações, cargo dispensado do registro de horário, com padrão salarial cinco vezes mais elevado que o cargo efetivo imediatamente abaixo. Plínio era o responsável pela empresa, apenas enviando relatório mensal à diretoria. Em razão da nova função, Plínio passou a receber uma gratificação

equivalente a 50% do salário básico recebido na função anteriormente exercida. O rendimento de Plínio, 8 meses após a promoção, deixou de ser satisfatório, por questões pessoais. Em decorrência disso, a empresa retirou de Plínio a função gerencial e ele voltou à função que exercia antes, deixando de receber a gratificação de função.

Diante disso, assinale a afirmativa correta.

a) O cargo que Plínio passou a ocupar não era de confiança, razão pela qual a alteração contratual equivale a rebaixamento, sendo, portanto, ilícita.

b) O cargo que Plínio passou a ocupar era de confiança, porém não poderia haver o retorno ao cargo anterior com a perda da gratificação de função, razão pela qual a alteração contratual equivale a rebaixamento, sendo, portanto, ilícita.

c) O cargo que Plínio passou a ocupar era de confiança, e a reversão ao cargo efetivo foi lícita, mas não a perda da remuneração, pois equivale a diminuição salarial, o que é constitucionalmente vedado.

d) O cargo que Plínio passou a ocupar era de confiança, razão pela qual se admite a reversão ao cargo anterior, sendo lícita a perda da gratificação de função.

4) (FGV – 2019 – OAB) João e Maria são casados e trabalham na mesma empresa, localizada em Fortaleza/CE. Maria ocupa cargo de confiança e, por absoluta necessidade do serviço,

será transferida para Porto Alegre/RS, lá devendo fixar residência, em razão da distância.

Diante da situação retratada e da legislação em vigor, assinale a afirmativa correta.

a) A transferência não poderá ser realizada, porque o núcleo familiar seria desfeito, daí ser vedada por Lei.

b) A transferência poderá ser realizada, mas, como o casal ficará separado, isso deverá durar, no máximo, um ano.

c) João terá direito, pela CLT, a ser transferido para o mesmo local da esposa e, com isso, manter a família unida.

d) Não há óbice para a transferência, que poderá ser realizada sem que haja obrigação de a empresa transferir João.

5) (FGV – 2019 – OAB) Edimilson é vigia noturno em um condomínio residencial de apartamentos. Paulo é vigilante armado de uma agência bancária. Letícia é motociclista de entregas de uma empresa de logística.

Avalie os três casos apresentados e, observadas as regras da CLT, assinale a afirmativa correta.

a) Paulo e Letícia exercem atividade perigosa e fazem jus ao adicional de periculosidade. A atividade de Edimilson não é considerada perigosa, e, por isso, ele não deve receber adicional.

b) Considerando que os três empregados não lidam com explosivos e inflamáveis, salvo por disposição em norma coletiva, nenhum deles terá direito ao recebimento de adicional de periculosidade.

c) Os três empregados fazem jus ao adicional de periculosidade, pois as profissões de Edimilson e Paulo estão sujeitas ao risco de violência física e, a de Letícia, a risco de vida.

d) Apenas Paulo e Edimilson têm direito ao adicional de periculosidade por conta do risco de violência física.

6) (FGV – 2019 – OAB) Reinaldo é empregado da padaria Cruz de Prata Ltda., na qual exerce a função de auxiliar de padeiro, com jornada de segunda a sexta-feira, das 12h às 17h, e pausa alimentar de 15 minutos. Aproxima-se o final do ano, e Reinaldo aguarda ansiosamente pelo pagamento do 13º salário, pois pretende utilizá-lo para comprar uma televisão.
A respeito do 13º salário, assinale a afirmativa correta.

a) Com a reforma da CLT, a gratificação natalina poderá ser paga em até três vezes, desde que haja concordância do empregado.

b) A gratificação natalina deve ser paga em duas parcelas, sendo a primeira entre os meses de fevereiro e novembro e a segunda, até o dia 20 de dezembro de cada ano.

c) Atualmente é possível negociar a supressão do 13º salário em convenção coletiva de trabalho.

d) O empregado tem direito a receber a primeira parcela do 13º salário juntamente com as férias, desde que a requeira no mês de março.

Capítulo 5

Estabilidades

Algumas categorias de trabalhadores são detentoras de uma garantia provisória de emprego, que é chamada de *estabilidade*. Isso significa que, em situações especiais, o empregado não pode ser dispensado sem justa causa, ainda que a lei permita a dispensa com justa causa.

A estabilidade pode ser inerente à condição do empregado, que é o caso das empregadas gestantes, do empregado adotante, do público e do afastado por acidente de trabalho. Ademais, a estabilidade pode emanar da função exercida: empregado eleito como dirigente sindical; empregado eleito como representante da Comissão Interna de Prevenção de Acidentes (Cipa); empregado representante nas comissões de conciliação prévia (CCP) – como previsto no art. 625-B da Consolidação das Leis do Trabalho (CLT), que foi aprovada pelo Decreto-Lei n. 5.452, de 1º de maio de 1943 (Brasil, 1943); representante dos funcionários nas empresas com mais de 200 empregados; empregado eleito para representação em cooperativas – art. 55 da Lei n. 5.764, de 16 de dezembro de 1971 (Brasil, 1971); empregado representante em conselho curador do Fundo de Garantia do Tempo de Serviço (FGTS) – art. 3º, § 9º, da Lei n. 8.036, de 11 de maio de 1990 (Brasil, 1990a); empregado representante no Conselho Nacional de Previdência Social (CNPS) – art. 3º, § 7º, da Lei n. 8.213, de 24 de julho de 1991 (Brasil, 1991).

— 5.1 —
Empregada gestante

A empregada tem direito à estabilidade provisória a partir do momento em que descobre que está grávida, até 5 meses após o parto, conforme prevê o art. 10, inciso II, alínea "b", do Ato das Disposições Constitucionais Transitórias (ADCT) – componente da Constituição Federal (CF) de 1988 (Brasil, 1988a).

> Art. 10. Até que seja promulgada a lei complementar a que se refere o art. 7º, I, da Constituição:
>
> [...]
>
> II – fica vedada a dispensa arbitrária ou sem justa causa:
>
> [...]
>
> b) da empregada gestante, desde a confirmação da gravidez até cinco meses após o parto. (Brasil, 1988b)

A Lei Complementar n. 146, de 25 de junho de 2014, estende "a estabilidade provisória prevista na alínea *b* do inciso II do art. 10 do Ato das Disposições Constitucionais Transitórias à trabalhadora gestante, nos casos de morte desta, a quem detiver a guarda de seu filho" (Brasil, 2014a).

Ao descobrir seu estado gravídico, a empregada não é obrigada a comunicá-lo ao empregador e, ainda assim, não pode ser demitida sem justa causa, conforme dispõe o art. 391 da CLT.

> Art. 391. Não constitui justo motivo para a rescisão do contrato de trabalho da mulher o fato de haver contraído matrimônio ou de encontrar-se em estado de gravidez.
>
> Parágrafo único – Não serão permitidos em regulamentos de qualquer natureza contratos coletivos ou individuais de trabalho, restrições ao direito da mulher ao seu emprego, por motivo de casamento ou de gravidez. (Brasil, 1943)

Contudo, a empregada pode solicitar seu desligamento da empresa por meio de uma carta escrita de próprio punho, contexto no qual renuncia ao seu direito à garantia de emprego. Além disso, pode ser demitida se cometer uma falta grave e for dispensada por justa causa.

Observe-se ainda que, se a empregada obtiver a confirmação da gravidez durante o aviso-prévio, não poderá ser demitida, como estabelece o art. 391-A da CLT:

> Art. 391-A. A confirmação do estado de gravidez advindo no curso do contrato de trabalho, ainda que durante o prazo do aviso-prévio trabalhado ou indenizado, garante à empregada gestante a estabilidade provisória prevista na alínea b do inciso II do art. 10 do Ato das Disposições Constitucionais Transitórias.
>
> Parágrafo único – O disposto no **caput** deste artigo aplica-se ao empregado adotante ao qual tenha sido concedida guarda provisória para fins de adoção. (Brasil, 1943, grifo do original)

Importante ressaltar ainda que o Tribunal Superior do Trabalho (TST) editou a Súmula n. 244, de 27 de setembro de 2012, que trata dos casos de gestante e estabilidade provisória.

GESTANTE. ESTABILIDADE PROVISÓRIA.

I – O desconhecimento do estado gravídico pelo empregador não afasta o direito ao pagamento da indenização decorrente da estabilidade (art. 10, II, "b" do ADCT).

II – A garantia de emprego à gestante só autoriza a reintegração se esta se der durante o período de estabilidade. Do contrário, a garantia restringe-se aos salários e demais direitos correspondentes ao período de estabilidade.

III – A empregada gestante tem direito à estabilidade provisória prevista no art. 10, inciso II, alínea "b", do Ato das Disposições Constitucionais Transitórias, mesmo na hipótese de admissão mediante contrato por tempo determinado. (Brasil, 2012a, grifo do original)

Para o caso de engravidar durante o contrato de aprendizagem, a interpretação dessa súmula também assegura à empregada aprendiz a estabilidade.

— 5.2 —
Empregado afastado por acidente de trabalho

As novas formas de contratação impactam a saúde do trabalhador, tendo em vista, a ocorrência de acidentes resultantes de jornadas exaustivas, péssimas condições de trabalho, o que se caracteriza pelo alcance de metas inatingíveis ou pelo esforço físico excessivo. Por isso, surgem doenças relacionadas ao trabalho, como as lesões por esforços repetitivos (LER) e os distúrbios osteomusculares relacionados ao trabalho (Dort), além das doenças de natureza psíquica, como o estresse referente à atividade laboral, chamado de *síndrome de burnout*.

O trabalhador que se encontra afastado em razão de enfermidade, decorrente ou não do trabalho, acaba tendo seu meio de sustento minado, e a falta de saúde enseja sua exclusão do emprego.

O governo vem apresentando políticas afirmativas que ainda não oferecem estabilidade após os 15 dias de atestado médico e, ao contrário da previsão constitucional de que se deve assegurar a saúde ao trabalhador, vem se eximindo de sua responsabilidade, deixando sem proteção o trabalhador doente e negando o benefício previdenciário do auxílio-doença, por questões meramente econômicas, mesmo quando esse sujeito se encontra inapto para retornar ao trabalho.

De acordo com a legislação pátria que regulamenta os benefícios da previdência social, se a empresa não responde a partir do 15º dia e se o trabalhador se encontra em uma situação de exclusão social, sem salário ou benefício, sendo seu afastamento ocasionado por doença comum e inexistindo a estabilidade, isso pode acarretar a despedida discriminatória desse enfermo.

Nesse sentido, observam-se alguns requisitos contemplados nos arts. 59 e 118 da Lei n. 8.213/1991:

> Art. 59. O auxílio-doença será devido ao segurado que, havendo cumprido, quando for o caso, o período de carência exigido nesta Lei, ficar incapacitado para o seu trabalho ou para a sua atividade habitual por mais de 15 (quinze) dias consecutivos.
>
> [...]
>
> Art. 118. O segurado que sofreu acidente do trabalho tem garantida, pelo prazo mínimo de doze meses, a manutenção do seu contrato de trabalho na empresa, após a cessação do auxílio-doença acidentário, independentemente de percepção de auxílio-acidente. (Brasil, 1991)

A Súmula n. 378, de 27 de setembro de 2012, do TST, de forma resumida, elenca todos os requisitos:

> **ESTABILIDADE PROVISÓRIA. ACIDENTE DO TRABALHO. ART. 118 DA LEI Nº 8.213/1991.**
>
> I – É constitucional o artigo 118 da Lei nº 8.213/1991 que assegura o direito à estabilidade provisória por período de 12 meses após a cessação do auxílio-doença ao empregado acidentado.

II – São pressupostos para a concessão da estabilidade o afastamento superior a 15 dias e a consequente percepção do auxílio-doença acidentário, salvo se constatada, após a despedida, doença profissional que guarde relação de causalidade com a execução do contrato de emprego.

III – O empregado submetido a contrato de trabalho por tempo determinado goza da garantia provisória de emprego decorrente de acidente de trabalho prevista [...] no art. 118 da Lei nº 8.213/91. (Brasil, 2012c, grifo do original)

Com relação à doença ocupacional, destaca-se a seguinte decisão proferida pelo TST:

> AGRAVO DE INSTRUMENTO EM RECURSO DE REVISTA. 1. DOENÇA OCUPACIONAL. RESPONSABILIDADE CIVIL DO EMPREGADOR. DANO MORAL. Diante do delineamento fático e probatório trazido pelo Tribunal de origem, insuscetível de reapreciação nesta instância extraordinária, o qual atestou que o autor é portador de doença ocupacional por culpa patronal, que lhe acarretou incapacidade laborativa para funções que exijam sobrecarga e movimento repetitivo no ombro esquerdo, e estando presentes os requisitos para a responsabilização civil subjetiva patronal por dano moral, não há cogitar em violação dos arts. 7º, XXVIII, da CF; e 186 e 949 do CC. Incidência da Súmula nº 126 do TST. 2. REINTEGRAÇÃO. INDENIZAÇÃO SUBSTITUTIVA. DANO MATERIAL. Segundo o Tribunal de origem, não obstante o atestado de saúde ocupacional demissional ter averiguado a aptidão do autor, certo é que o atestado médico emitido três dias após aquele atestado

denunciou a incapacidade laborativa do reclamante. Constatou aquela Corte, ainda, a impossibilidade de reintegração do empregado. Assim, o Regional, ao manter a condenação da reclamada ao pagamento de indenização substitutiva à estabilidade, decidiu em consonância com a prova produzida e à luz da Súmula n° 378, II, do TST. Ademais, no que concerne à indenização por dano material, verificou o Tribunal de origem, com fundamento na prova produzida, que o reclamante se encontra incapacitado para exercer atividades que exijam movimentos repetitivos no ombro esquerdo e com sobrecarga, sob risco de reversão do quadro clínico, atividades essas para as quais o autor é habilitado, conforme anotações em sua CTPS, **de modo que a " lesão em exame importa perda substancial de sua força de trabalho". Assim, a decisão recorrida, da forma como posta, não implica violação do art.** 7°, XXVIII, da CF, porque fundamentada na prova produzida, além de estar em consonância com a Súmula n° 378, II, desta Corte. Incidência das Súmulas n°s 126 e 333 do TST. 3. VALOR DA INDENIZAÇÃO POR DANO MORAL. O Regional, quanto ao valor da indenização por dano moral, consignou como parâmetros a necessidade de a indenização proporcionar fator de redução da dor da vítima, bem como de atender ao caráter pedagógico de evitar o enriquecimento ilícito de uma das partes, de forma que o **valor arbitrado deve ser fixado com parcimônia, com vistas à extensão do dano, à gravidade da culpa e à qualidade das partes envolvidas (CLT, art. 944, parágrafo único).** Por essa razão, o Regional, considerando as circunstâncias do caso e o fato de que o autor está incapacitado para as atividades laborais para as quais é qualificado, considerou insuficiente o valor fixado na origem. Diante desse contexto, não se cogita em violação dos arts. 5º, X, da CF, 223-G da CLT e 884 do CC, visto que a indenização, nos moldes em que fixada, não representa montante desarrazoado e desproporcional, em face das circunstâncias que ensejaram a condenação, atendendo à dupla finalidade reparatória e pedagógica. Agravo de instrumento conhecido e não provido. (Brasil, 2020c)

Verifica-se, portanto, que a estabilidade decorrente de acidente do trabalho somente é atribuída ao empregado após o afastamento pelo Instituto Nacional de Seguro Social (INSS) e o recebimento do auxílio-doença, atestado pelo médico perito desse órgão.

— 5.3 —
Empregado eleito dirigente sindical

O empregado eleito dirigente ou representante sindical tem direito à estabilidade de emprego desde o registro de sua candidatura até um ano após o final desta, conforme disciplina o art. 8º, inciso VII, da CF: "é vedada a dispensa do empregado sindicalizado a partir do registro da candidatura a cargo de direção ou representação sindical e, se eleito, ainda que suplente, até um ano após o final do mandato, salvo se cometer falta grave nos termos da lei" (Brasil, 1988a).

A estabilidade consolida-se após a posse no cargo, ou seja, durante o exercício da função, fica vedada a dispensa do empregado, nestes termos do art. 543, parágrafo 3º, da CLT:

Art. 543. [...]

§ 3º Fica vedada a dispensa do empregado sindicalizado ou associado, a partir do momento do registro de sua candidatura a cargo de direção ou representação de entidade sindical ou de associação profissional, até 1 (um) ano após o final do seu mandato, caso seja eleito inclusive como suplente, salvo se cometer falta grave devidamente apurada nos termos desta Consolidação. (Brasil, 1943)

O empregado que se candidata ao cargo de dirigente sindical durante o período de aviso-prévio, ainda que indenizado, não lhe é assegurada a estabilidade. Veja o excerto:

DIRIGENTE SINDICAL. ESTABILIDADE PROVISÓRIA.

I – É assegurada a estabilidade provisória ao empregado dirigente sindical, ainda que a comunicação do registro da candidatura ou da eleição e da posse seja realizada fora do prazo previsto no art. 543, § 5º, da CLT, desde que a ciência ao empregador, por qualquer meio, ocorra na vigência do contrato de trabalho.

II – O art. 522 da CLT foi recepcionado pela Constituição Federal de 1988. Fica limitada, assim, a estabilidade a que alude o art. 543, § 3.º, da CLT a sete dirigentes sindicais e igual número de suplentes.

III – O empregado de categoria diferenciada eleito dirigente sindical só goza de estabilidade se exercer na empresa atividade pertinente à categoria profissional do sindicato para o qual foi eleito dirigente.

IV – Havendo extinção da atividade empresarial no âmbito da base territorial do sindicato, não há razão para subsistir a estabilidade.

V – O registro da candidatura do empregado a cargo de dirigente sindical durante o período de aviso-prévio, ainda que indenizado, não lhe assegura a estabilidade, visto que inaplicável a regra do § 3º do art. 543 da Consolidação das Leis do Trabalho. (Brasil, 2012b)

Para melhor explicar as questões atreladas a esta espécie de estabilidade, transcrevemos, anteriormente, a Súmula n. 369, de 27 de setembro de 2012, do TST.

— 5.4 —
Empregado eleito pela Cipa

Outra modalidade de estabilidade diz respeito ao empregado eleito representante da Cipa, como dispõe o art. 10, inciso II, alínea "a", do ADCT.

Art. 10. Até que seja promulgada a lei complementar a que se refere o art. 7º, I, da Constituição:

[...]

II – fica vedada a dispensa arbitrária ou sem justa causa:

a) do empregado eleito para cargo de direção de comissões internas de prevenção de acidentes, desde o registro de sua candidatura até um ano após o final de seu mandato; (Brasil, 1988b)

O art. 165 da CLT estabelece a impossibilidade de dispensa arbitrária desse funcionário: "os titulares da representação dos empregados nas CIPA(s) não poderão sofrer despedida arbitrária, entendendo-se como tal a que não se fundar em motivo disciplinar, técnico, econômico ou financeiro" (Brasil, 1943).

Sobre o tema, o TST já se pronunciou por meio da Súmula n. 339, de 25 de abril de 2005 (Brasil, 2005c), que aborda várias peculiaridades desse tipo de estabilidade, como o fato de não constituir vantagem pessoal do empregado eleito, encerrando se o estabelecimento comercial fechar.

CIPA. SUPLENTE. GARANTIA DE EMPREGO. CF/1988.

I – O suplente da CIPA goza da garantia de emprego prevista no art. 10, II, "a", do ADCT a partir da promulgação da Constituição Federal de 1988.

II – A estabilidade provisória do cipeiro não constitui vantagem pessoal, mas garantia para as atividades dos membros da CIPA, que somente tem razão de ser quando em atividade a empresa. Extinto o estabelecimento, não se verifica a despedida arbitrária, sendo impossível a reintegração e indevida a indenização do período estabilitário. (Brasil, 2005c)

Assim, a Súmula n. 339 do TST deve ser observada para os casos de empregados eleitos para o cargo de representantes da Cipa.

5.5
Representante dos empregados nas empresas com mais de 200 funcionários

A estabilidade do representante dos empregados nas empresas com mais de 200 funcionários é modalidade proposta pela Lei da Reforma Trabalhista (RT) – Lei n. 13.467, de 13 de julho de 2017 (Brasil, 2017a).

O Título IV-A da CLT traz novidade relativa à representação dos empregados diretamente com a empresa, sem a necessidade de intermediação dos sindicatos. No direito alemão, essa representatividade é chamada de *betriebsrat*, traduzido para o português como "conselho de empresa", que "é, pois, o órgão que, por força de lei, representa os empregados de um determinado estabelecimento perante o empregador, para desempenhar a competência legal que lhe é atribuída" (Silva, 1991, p. 193-194).

No direito do trabalho brasileiro, tal competência está prevista no arts. 510-A a 510-D da RT. O art. 510-A regulamenta a representação dos empregados:

> Art. 510-A. Nas empresas com mais de duzentos empregados, é assegurada a eleição de uma comissão para representá-los, com a finalidade de promover-lhes o entendimento direto com os empregadores.
>
> § 1º A comissão será composta:

I – nas empresas com mais de duzentos e até três mil empregados, por três membros;

II – nas empresas com mais de três mil e até cinco mil empregados, por cinco membros;

III – nas empresas com mais de cinco mil empregados, por sete membros.

§ 2º No caso de a empresa possuir empregados em vários Estados da Federação e no Distrito Federal, será assegurada a eleição de uma comissão de representantes dos empregados por Estado ou no Distrito Federal, na mesma forma estabelecida no § 1º deste artigo. (Brasil, 2017a)

São atribuições da comissão previstas no art. 510-B:

Art. 510-B. A comissão de representantes dos empregados terá as seguintes atribuições:

I – representar os empregados perante a administração da empresa;

II – aprimorar o relacionamento entre a empresa e seus empregados com base nos princípios da boa-fé e do respeito mútuo;

III – promover o diálogo e o entendimento no ambiente de trabalho com o fim de prevenir conflitos;

IV – buscar soluções para os conflitos decorrentes da relação de trabalho, de forma rápida e eficaz, visando à efetiva aplicação das normas legais e contratuais;

V – assegurar tratamento justo e imparcial aos empregados, impedindo qualquer forma de discriminação por motivo de sexo, idade, religião, opinião política ou atuação sindical;

VI – encaminhar reivindicações específicas dos empregados de seu âmbito de representação;

VII – acompanhar o cumprimento das leis trabalhistas, previdenciárias e das convenções coletivas e acordos coletivos de trabalho.

§ 1º As decisões da comissão de representantes dos empregados serão sempre colegiadas, observada a maioria simples.

§ 2º A comissão organizará sua atuação de forma independente. (Brasil, 2017a)

A eleição do representante verifica-se no art. 510-C:

Art. 510-C. A eleição será convocada, com antecedência mínima de trinta dias, contados do término do mandato anterior, por meio de edital que deverá ser fixado na empresa, com ampla publicidade, para inscrição de candidatura.

§ 1º Será formada comissão eleitoral, integrada por cinco empregados, não candidatos, para a organização e o acompanhamento do processo eleitoral, vedada a interferência da empresa e do sindicato da categoria. (Brasil, 2017a)

A candidatura do empregado e o direito à estabilidade estão contemplados no art. 510-D:

Art. 510-D. O mandato dos membros da comissão de representantes dos empregados será de um ano.

§ 1º O membro que houver exercido a função de representante dos empregados na comissão não poderá ser candidato nos dois períodos subsequentes.

§ 2º O mandato de membro de comissão de representantes dos empregados não implica suspensão ou interrupção do contrato de trabalho, devendo o empregado permanecer no exercício de suas funções.

§ 3º Desde o registro da candidatura até um ano após o fim do mandato, o membro da comissão de representantes dos empregados não poderá sofrer despedida arbitrária, entendendo-se como tal a que não se fundar em motivo disciplinar, técnico, econômico ou financeiro.

§ 4º Os documentos referentes ao processo eleitoral devem ser emitidos em duas vias, as quais permanecerão sob a guarda dos empregados e da empresa pelo prazo de cinco anos, à disposição para consulta de qualquer trabalhador interessado, do Ministério Público do Trabalho e do Ministério do Trabalho. (Brasil, 2017a)

Essa nova modalidade de estabilidade foi inserida, portanto, pela Lei n. 13.467/2017.

— 5.6 —
Empregado eleito representante em cooperativas

O empregado eleito representante em cooperativas goza das mesmas garantias dos dirigentes sindicais, conforme previsão no art. 55 da Lei da Lei n. 5.764/1971:

> Art. 55. Os empregados de empresas que sejam eleitos diretores de sociedades cooperativas pelos mesmos criadas, gozarão das garantias asseguradas aos dirigentes sindicais pelo artigo 543 da Consolidação das Leis do Trabalho (Decreto-Lei n. 5.452, de 1º de maio de 1943). (Brasil, 1971)

Assim, esses funcionários têm estabilidade desde a sua candidatura e, se eleitos, até um ano após o término do mandato.

— 5.7 —
Empregado representante em Conselho Curador do FGTS

Ao empregado representante em Conselho Curador do FGTS é assegurada a estabilidade, tal como disciplina o art. 3º, parágrafo 9º, da Lei n. 8.036/1990:

> Art 3º O FGTS será regido por normas e diretrizes estabelecidas por um Conselho Curador, composto por representação

de trabalhadores, empregadores e órgãos e entidades governamentais, na forma estabelecida pelo Poder Executivo.

[...]

§ 9º Aos membros do Conselho Curador, enquanto representantes dos trabalhadores, efetivos e suplentes, é assegurada a estabilidade no emprego, da nomeação até um ano após o término do mandato de representação, somente podendo ser demitidos por motivo de falta grave, regularmente comprovada através de processo sindical. (Brasil, 1990a)

Logo, tem-se estabillidade da nomeação até um ano após o término do mandato.

— 5.8 —
Empregado representante no CNPS

Ao empregado representante no CNPS, em atividade, é assegurada estabilidade similar à caracterizada na seção anterior, a qual também é cabível para titulares e suplentes (Brasil, 1991, art. 3º, § 7º).

— 5.9 —
Reintegração

Nos casos de dispensa de empregados detentores de estabilidade, pode o empregado, mediante ajuizamento de reclamação trabalhista na Justiça do Trabalho, requerer a reintegração, desde que reconhecida a inexistência de falta considerada grave (faltas elencadas no art. 482 da CLT). Nesse cenário, o empregador é obrigado a readmitir o funcionário e proceder ao pagamento dos valores relativos aos salários do período em que este esteve afastado. Isso é reiterado pelo art. 495 da CLT, que dispõe: "reconhecida a inexistência de falta grave praticada pelo empregado, fica o empregador obrigado a readmiti-lo no serviço e a pagar-lhe os salários a que teria direito no período da suspensão" (Brasil, 1943).

Por sua vez, o art. 496 da CLT disciplina que: "quando a reintegração do empregado estável for desaconselhável, dado o grau de incompatibilidade resultante do dissídio, especialmente quando for o empregador pessoa física, o tribunal do trabalho poderá converter aquela obrigação em indenização devida nos termos do artigo seguinte" (Brasil, 1943).

Com relação ao pedido de reintegração e seus requisitos, destaca-se a Súmula n. 396, de 25 de abril de 2005, do TST:

> **ESTABILIDADE PROVISÓRIA. PEDIDO DE REINTEGRAÇÃO. CONCESSÃO DO SALÁRIO RELATIVO AO PERÍODO DE ESTABILIDADE JÁ EXAURIDO. INEXISTÊNCIA DE JULGAMENTO "EXTRA PETITA".**
>
> I – Exaurido o período de estabilidade, são devidos ao empregado apenas os salários do período compreendido entre a data da despedida e o final do período de estabilidade, não lhe sendo assegurada a reintegração no emprego.

II – Não há nulidade por julgamento "extra petita" da decisão que deferir salário quando o pedido for de reintegração, dados os termos do art. 496 da CLT. (Brasil, 2005d, grifo do original)

A reintegração é necessária nos casos de dispensa irregular dos empregados detentores de estabilidade.

Exercícios

1) (FGV – 2019 – OAB) Em uma grande empresa que atua na prestação de serviços de *telemarketing* e possui 250 funcionários, trabalham as empregadas listadas a seguir:

   Alice, que foi contratada a título de experiência, e, um pouco antes do término do seu contrato, engravidou;

   Sofia, que foi contratada a título temporário, e, pouco antes do termo final de seu contrato, sofreu um acidente do trabalho;

   Larissa, que foi indicada pelo empregador para compor a Cipa da empresa;

   Maria Eduarda, que foi eleita para a comissão de representantes dos empregados, na forma da CLT alterada pela Lei n. 13.467/17 (RT).

   Diante das normas vigentes e do entendimento consolidado do TST, assinale a opção que indica as empregadas que terão garantia no emprego.
   a) Sofia e Larissa, somente.
   b) Alice e Maria Eduarda, somente.

c) Alice, Sofia e Maria Eduarda, somente.

d) Alice, Sofia, Larissa e Maria Eduarda.

2) (FGV – 2018 – OAB) Em março de 2015, Lívia foi contratada por um estabelecimento comercial para exercer a função de caixa, cumprindo jornada de segunda-feira a sábado das 8h às 18h, com intervalo de 30 minutos para refeição. Em 10 de março de 2017, Lívia foi dispensada sem justa causa, com aviso-prévio indenizado, afastando-se de imediato. Em 30 de março de 2017, Lívia registrou sua candidatura a dirigente sindical e, em 8 de abril de 2017, foi eleita vice--presidente do sindicato dos comerciários da sua região. Diante desse fato, Lívia ponderou com a direção da empresa que não seria possível a sua dispensa, mas o empregador insistiu na manutenção da dispensa afirmando que o aviso--prévio não poderia ser considerado para fins de garantia no emprego.

Sobre a hipótese narrada, de acordo com a CLT e com o entendimento consolidado do TST, assinale a afirmativa correta.

a) O período do aviso-prévio é integrado ao contrato para todos os fins, daí porque Lívia, que foi eleita enquanto o pacto laboral estava em vigor, não poderá ser dispensada sem justa causa.

b) Não se computa o aviso-prévio para fins de tempo de serviço nem anotação na CTPS do empregado e, em razão disso, Lívia não terá direito à estabilidade oriunda da eleição para dirigente sindical.

c) O aviso-prévio é computado para todos os fins, mas, como a candidatura da empregada ocorreu no decorrer do aviso-prévio, Lívia não terá garantia no emprego.

d) A Lei e a jurisprudência não tratam dessa situação especial, razão pela qual caberá ao magistrado, no caso concreto, decidir se o aviso-prévio será computado ao contrato.

Capítulo 6

Extinção do contrato de trabalho

A extinção do contrato de trabalho pode dar-se de maneira espontânea ou provocada. Nos contratos por prazo determinado, existe um termo prefixado para sua extinção, razão pela qual simplesmente é encerrado. No entanto, se uma das partes (empregador/empregado) não estiver satisfeita, pode provocar a ruptura antecipada.

Outras formas de descontinuidade desse acordo, por iniciativa do empregador ou do empregado, são as seguintes:

1) resilição – distrato, despedida, dispensa e demissão;

2) resolução – justa causa, rescisão indireta e culpa recíproca;

3) rescisão – nulidade do contrato;

4) força maior – impossibilidade de execução do contrato;

5) cessação da atividade e falência;

6) extinção da empresa, fechamento, morte do empregador pessoa física ou do empregado;

7) aposentadoria compulsória e espontânea (apenas nos casos em que extingue);

8) por determinação judicial – art. 496 da CLT;

9) suspensão disciplinar por mais de 30 dias consecutivos – art. 474 da CLT;

10) distrato – art. 484-A da CLT;

11) extinção de pleno direito por inexecução do contrato intermitente – art. 452-D da CLT (Cassar, 2018a).

A "dispensa é a ruptura do contrato de trabalho por ato unilateral e imediato do empregador, independente da vontade do empregado" (Nascimento, 1996, p, 427). Existem duas espécies de dispensa: sem justa causa e com justa causa (Jorge Neto, 2004). A modalidade de **dispensa de justa causa** pode ser definida como "a ação ou omissão de um dos sujeitos da relação de emprego, ou de ambos, contrária aos deveres normais impostos pelas regras de conduta que disciplinam as suas obrigações resultantes do vínculo jurídico" (Nascimento, 1996, p. 427). Em sentido contrário, destaca-se a Convenção n. 158 da Organização Internacional do Trabalho (OIT) (2021b), que restringe as hipóteses da **despedida sem causa justificada**. A referida norma foi incorporada ao Direito Pátrio por meio do Decreto n. 10.088, de 5 de novembro de 2019 (Brasil, 2019b), embora a denúncia da referida convenção tenha emergido com a edição do Decreto n. 2.100, de 20 de dezembro de 1996 (Brasil, 1996). A possiblidade de limitação ou até proibição da despedida sem justa causa ainda não pode ser recepcionada, pois sua aplicabilidade dependeria da edição de lei complementar (Wandelli, 2004).

Nesse sentido, é pertinente apresentar o disposto no art. 4º da referida convenção: "Não se porá fim à relação de trabalho de um trabalhador, a menos que exista para isto uma causa justificada relacionada com sua capacidade ou sua conduta ou baseada nas necessidades de funcionamento da empresa, estabelecimento ou serviço" (Wandelli, 2004, p. 327).

Quanto ao conceito de **justa causa**, trata-se da "rescisão unilateral do contrato de trabalho, sem ônus para nenhuma das partes, como todo ato faltoso ou culposamente grave, que faça desaparecer a confiança e a boa-fé que devem entre elas existir, tornando-se impossível o prosseguimento da relação" (Jorge Neto, 2004, p. 633).

Formaliza-se a extinção do contrato de trabalho por meio da elaboração do Termo de Rescisão do Contrato de Trabalho (TRCT), documento oficial emitido pela Secretaria do Trabalho do Ministério da Economia, no programa eSocial. Na extinção do contrato de trabalho, algumas formalidades devem ser observadas: a anotação (a chamada "*baixa*") do contrato de trabalho na Carteira de Trabalho e Previdência Social (CTPS); o pagamento das verbas no prazo de 10 dias a partir do término; a especificação da natureza de cada verba paga ao empregado e discriminado o seu valor, sendo válida a quitação, apenas, relativamente às mesmas parcelas; pagamento das verbas em dinheiro, depósito bancário ou cheque visado, contexto em que, para o empregado analfabeto, é feito somente pagamento em dinheiro ou por depósito bancário (art. 477 da CLT).

— 6.1 —
Dispensa sem justa causa

A dispensa sem justa causa pode ser definida "quando a extinção do contrato ocorre por iniciativa do empregador e sem os motivos tidos como de justa causa, mas desde que fundada em motivo disciplinar, técnico ou econômico" (Jorge Neto, 2004, p. 632).

O art. 7º, inciso I, da Constituição Federal (CF) de 1988 dispõe como direito do trabalhador a "relação de emprego protegida contra despedida arbitrária ou sem justa causa, nos termos de lei complementar, que preverá indenização compensatória, dentre outros direitos" (Brasil, 1988a).

A extinção do contrato de trabalho pode acontecer por iniciativa do empregador e sem justificativa, na chamada *despedida sem justa causa*, *dispensa imotivada* ou *despedida arbitrária*. Nessa modalidade, são incorporados o maior número de verbas trabalhistas, assim como na despedida indireta ou ruptura por infração empresarial (Delgado, 2017).

O empregado dispensado sem justa causa recebe verbas rescisórias, porém, de forma geral, para que se entenda quais são as devidas, é necessário antes analisar:

- o registro do empregado, a data de admissão e a data de afastamento;
- a espécie de aviso-prévio que foi aplicado (indenizado ou trabalhado);
- a existência ou não de saldo de salários;
- os descontos;
- a proporcionalidade ou integralidade do pagamento de 13º salário;

- a existência de férias vencidas, a vencer mas dentro do prazo concessivo;
- a proporcionalidade das férias, em caso de menos de um ano de contrato;
- o extrato do Fundo de Garantia do Tempo de Serviço (FGTS) – é preciso verificar todos os depósitos feitos durante o contrato de trabalho;
- o recolhimento da multa de 40%, utilizando-se como base de cálculo o valor total dos depósitos realizados em todos os meses de duração do contrato de trabalho;
- o recolhimento correto da contribuição social para o Instituto Nacional do Seguro Social (INSS);
- a emissão das guias do seguro-desemprego.

Na dispensa sem justa causa, o empregado tem direito ao recebimento das seguintes verbas rescisórias:

- saldo de salário;
- aviso-prévio (indenizado ou trabalhado);
- férias + 1/3 (férias simples, proporcionais, em dobro ou indenizadas);
- 13º proporcional ou integral;
- saque do FGTS;
- multa de 40% sobre o saldo do FGTS;
- entrega das guias do seguro-desemprego (Cassar, 2018a).

— 6.2 —
Despedida indireta

A despedida indireta, também chamada de *rescisão indireta*, acontece quando a empresa comete uma infração, configurada como falta grave, que enseja o término do contrato de trabalho. As hipóteses estão previstas no art. 483 da CLT.

> Art. 483. O empregado poderá considerar rescindido o contrato e pleitear a devida indenização quando:
>
> a) forem exigidos serviços superiores às suas forças, defesos por lei, contrários aos bons costumes, ou alheios ao contrato;
>
> b) for tratado pelo empregador ou por seus superiores hierárquicos com rigor excessivo;
>
> c) correr perigo manifesto de mal considerável;
>
> d) não cumprir o empregador as obrigações do contrato;
>
> e) praticar o empregador ou seus prepostos, contra ele ou pessoas de sua família, ato lesivo da honra e boa fama;
>
> f) o empregador ou seus prepostos ofenderem-no fisicamente, salvo em caso de legítima defesa, própria ou de outrem;
>
> g) o empregador reduzir o seu trabalho, sendo este por peça ou tarefa, de forma a afetar sensivelmente a importância dos salários.
>
> § 1º O empregado poderá suspender a prestação dos serviços ou rescindir o contrato, quando tiver de desempenhar obrigações legais, incompatíveis com a continuação do serviço.

§ 2º No caso de morte do empregador constituído em empresa individual, é facultado ao empregado rescindir o contrato de trabalho.

§ 3º Nas hipóteses das letras "d" e "g", poderá o empregado pleitear a rescisão de seu contrato de trabalho e o pagamento das respectivas indenizações, permanecendo ou não no serviço até final decisão do processo. (Brasil, 1943)

Interessa a decisão do Tribunal Superior do Trabalho (TST) no caso de empregado que ficou sem receber salários por 2 meses, tendo sido reconhecida a rescisão indireta. Destaca-se:

RESCISÃO INDIRETA DO CONTRATO DE TRABALHO. ATRASO NO PAGAMENTO DO SALÁRIO POR DOIS MESES. TRANSCENDÊNCIA POLÍTICA RECONHECIDA. CONHECIMENTO E PROVIMENTO.

I. O Tribunal Regional deu provimento ao recurso ordinário interposto pela parte Reclamada para, reformando a sentença, reconhecer que a rescisão contratual se dera por iniciativa da parte Reclamante, por entender que o atraso no pagamento do salário durante dois meses consecutivos não configura conduta suficiente a ensejar a rescisão indireta do contrato de trabalho pelo empregador. II. Entretanto, a jurisprudência atual e reiterada desta Corte Superior orienta-se no sentido de que o conceito de mora contumaz no pagamento de salários previsto no art. 2º, § 1º, do Decreto-Lei nº 368/1968 repercute apenas nas esferas fiscal, tributária e financeira, não constituindo óbice ao reconhecimento de que o atraso no pagamento do

salário por período inferior a três meses configura descumprimento contratual apto a justificar a rescisão indireta do contrato de trabalho pelo empregador, especialmente porque o pagamento do salário figura entre as principais obrigações do empregador no âmbito do contrato de trabalho. [...]. IV. Recurso de revista de que se conhece, por violação do art. 483, "d", da CLT e a que se dá provimento. (Brasil, 2020j, grifo do original)

Em caso de despedida indireta, o empregador deve ter cometido uma falta grave conforme descrito no art. 483 da CLT, no entanto, a maioria dessas situações, com o consequente rompimento do contrato de trabalho, é conduzida judicialmente.

— 6.3 —
Pedido de demissão

A extinção do contrato de trabalho pode ser efetivada por iniciativa do empregado, no chamado *pedido de demissão*. Nesse caso, o empregado deve notificar o empregador no prazo mínimo de 30 dias, assim como cumprir o aviso-prévio trabalhando ou indenizando o empregador.

O empregado que solicita o rompimento de seu contrato de trabalho antes de completar um ano tem direito ao recebimento das seguintes verbas: saldo de salário; 13º salário proporcional; férias proporcionais + 1/3.

— 6.3.1 —
Plano de demissão voluntária ou incentivada

Verifica-se, ainda, a previsão do plano de demissão voluntária ou incentivada pela empresa, modalidade de desligamento que já ocorria em grandes organizações, sendo regulamentada por meio de regimento empresarial.

O plano incentivado de demissão voluntária também foi introduzido, por meio da Lei n. 13.467, de 13 de julho de 2017 (Brasil, 2017a), no art. 477-B da CLT: "Plano de Demissão Voluntária ou Incentivada, para dispensa individual, plúrima ou coletiva, previsto em convenção coletiva ou acordo coletivo de trabalho, enseja quitação plena e irrevogável dos direitos decorrentes da relação empregatícia, salvo disposição em contrário estipulada entre as partes".

— 6.4 —
Acordo ou distrato

Com o advento da Lei da Reforma Trabalhista (Lei n. 13.467/2017), foi regulamentada a possibilidade do acordo ou distrato negociado entre empregador e empregado. O acordo ou distrato é modalidade de extinção contratual caracterizada pela negociação entre empregador e empregado, que decidem bilateralmente extinguir o contrato de trabalho. A Lei n. 13.467/2017 normaliza essa espécie no art. 484-A da CLT:

Art. 484-A. O contrato de trabalho poderá ser extinto por acordo entre empregado e empregador, caso em que serão devidas as seguintes verbas trabalhistas:

I – por metade:

a) o aviso prévio, se indenizado; e

b) a indenização sobre o saldo do Fundo de Garantia do Tempo de Serviço, prevista no § 1º do art. 18 da Lei nº 8.036, de 11 de maio de 1990;

II – na integralidade, as demais verbas trabalhistas.

§ 1º A extinção do contrato prevista no *caput* deste artigo permite a movimentação da conta vinculada do trabalhador no Fundo de Garantia do Tempo de Serviço na forma do inciso I - A do art. 20 da Lei nº 8.036, de 11 de maio de 1990, limitada até 80% (oitenta por cento) do valor dos depósitos.

§ 2º A extinção do contrato por acordo prevista no *caput* deste artigo não autoriza o ingresso no Programa de Seguro-Desemprego. (Brasil, 2017a)

Antes dessa regulamentação, essa prática ocorria muito, conseguindo o empregado sacar os valores da conta do FGTS e acessar o sistema do seguro-desemprego.

— 6.5 —
Dispensa discriminatória[1]

Antes de analisar a dispensa discriminatória, para entender essa modalidade, é necessário definir *discriminação*. Para Maurício Godinho Delgado (2017, p. 742), "discriminação é a conduta pela qual se nega à pessoa, em face de critério injustamente desqualificante, tratamento compatível com o padrão jurídico assentado para a situação concreta por ela vivenciada".

A Convenção n. 111 da OIT (2021a), de 1958, considerou, em seu art. 1º, discriminação toda exclusão, distinção ou preferência fundada na cor, sexo, raça, religião, opinião política e origem social que tratem de forma desigual para fins de emprego ou profissão e condições de trabalho.

A discriminação pode ser negativa e também positiva ou "reversa" (Barros, 2007), sendo relativa ao conceito de **justiça distributiva**, que trata os desiguais de forma desigual. A Convenção n. 159 da OIT (citada por Barros, 2007) apresenta, em seu art. 4º, medidas especiais cuja finalidade é assegurar as condições de igualdade para grupos raciais.

Nesse contexto, a CF, em seu art. 3º, trata a discriminação da seguinte forma: "constituem objetivos fundamentais da República Federativa do Brasil: [...] IV – promover o bem de todos, sem preconceitos de origem, raça, sexo, cor, idade e quaisquer outras formas de discriminação". Em matéria de emprego,

---

1 Tópico baseado na dissertação de mestrado da autora desta obra (Zempulski, 2014).

o art. 7º, inciso XXXI, estabelece a "proibição de qualquer discriminação no tocante a salário e critérios de admissão do trabalhador portador de deficiência" (Brasil, 1988a). A dispensa discriminatória pode acontecer quando o empregador faz o desligamento do empregado de forma discriminatória: por exemplo, se decorrente de idade, orientação sexual, doença, nacionalidade, religião e outros aspectos.

A Lei n. 9.029, de 13 de abril de 1995 (Brasil, 1995), proíbe práticas discriminatórias na admissão e na permanência no contrato de trabalho. Seu art. 1º estabelece:

> Art 1º É proibida a adoção de qualquer prática discriminatória e limitativa para efeito de acesso à relação de trabalho, ou de sua manutenção, por motivo de sexo, origem, raça, cor, estado civil, situação familiar, deficiência, reabilitação profissional, idade, entre outros, ressalvadas, nesse caso, as hipóteses de proteção à criança e ao adolescente previstas no inciso XXXIII do art. 7º da Constituição Federal. (Brasil, 1995)

O art. 2º da referida lei, por sua vez, reconhece como crime algumas práticas discriminatórias, a saber:

> Art. 2º
>
> I – a exigência de teste, exame, perícia, laudo, atestado, declaração ou qualquer outro procedimento relativo à esterilização ou a estado de gravidez;
>
> II – a adoção de quaisquer medidas, de iniciativa do empregador, que configurem;

a) indução ou instigamento à esterilização genética;

b) promoção do controle de natalidade, assim não considerado o oferecimento de serviços e de aconselhamento ou planejamento familiar, realizados através de instituições públicas ou privadas, submetidas às normas do Sistema Único de Saúde (SUS). (Brasil, 1995)

Com relação à despedida discriminatória de empregados portadores do vírus HIV/AIDS, a Lei n. 12.984, de 2 de junho de 2014 (Brasil, 2014b), criminaliza essa prática contra eles. Em razão do número expressivo de casos julgados acerca do assunto, o TST editou a Súmula n. 443, de 27 de setembro de 2012, nos seguintes termos:

DISPENSA DISCRIMINATÓRIA. PRESUNÇÃO. EMPREGADO PORTADOR DE DOENÇA GRAVE. ESTIGMA OU PRECONCEITO. DIREITO À REINTEGRAÇÃO.

Presume-se discriminatória a despedida de empregado portador do vírus HIV ou de outra doença grave que suscite estigma ou preconceito. Inválido o ato, o empregado tem direito à reintegração no emprego. (Brasil, 2012d)

A dispensa discriminatória pode ser motivada por orientação sexual, idade, aparência e alguma doença que acometa o funcionário.

— 6.6 —
Extinção da empresa e falência do empregador

O contrato de trabalho pode ser extinto se a empresa fechar ou decretar falência. Nesses casos, o empregado tem direito ao recebimento das seguintes verbas:

- saldo de salário;
- aviso-prévio (indenizado ou trabalhado);
- férias + 1/3 (férias simples, proporcionais, em dobro ou indenizadas);
- 13º proporcional ou integral;
- saque do FGTS;
- multa de 40% sobre o saldo do FGTS;
- entrega das guias do seguro desemprego (Cassar, 2018a).

No entanto, "se a empresa for individual (morte do empresário-empregador), o empregado terá a faculdade de rescindir o contrato (CLT, art. 483, § 2º), eximindo-se da obrigação de indenizar ou dar aviso prévio aos sucessores do empregador" (Leite, 2020, p. 679).

— 6.7 —
Morte do empregado

Outra hipótese de extinção do contrato de trabalho é a morte do empregado. Nessa situação, os herdeiros recebem as seguintes verbas:

- saldo de salário;
- férias + 1/3 (férias simples, proporcionais, em dobro ou indenizadas);
- 13º proporcional ou integral;
- saque do FGTS.

Observe que não têm direito ao recebimento da multa de 40%, além da impossibilidade de cumprimento de aviso-prévio. Portanto, se for constatada que a morte do empregado decorreu de acidente do trabalho, pode ser pleiteada uma indenização por danos morais e por danos materiais na Justiça do Trabalho (Leite, 2020).

— 6.8 —
Dispensa por justa causa

A dispensa por justa causa é entendida como uma espécie de punição para o empregado, sendo "decorrente de ato grave praticado [...] [por ele] que implica a cessação do contrato de trabalho por motivo devidamente evidenciado, de acordo com as hipóteses previstas em lei" (Martins, 2005, p. 29).

Nesta modalidade de extinção contratual, devem estar presentes elementos objetivos e subjetivos. Os **elementos objetivos** são a gravidade do comportamento do empregado, o imediatismo da rescisão, a causalidade e o princípio *non bis in idem* (Nascimento; Nascimento, 2018). Por sua vez, o **elemento subjetivo** refere-se à "culpa do empregado entendida no sentido amplo, já que não será admissível responsabilizá-lo com os ônus que suporta se não agiu com imprevisão ou dolo" (Nascimento; Nascimento, 2018, p. 448). "A justa causa é altamente prejudicial ao empregado, não só no aspecto moral, mas, sobretudo, no aspecto patrimonial" (Leite, 2021, p. 305), tanto que tem apenas o direito de receber saldo de salário e férias vencidas.

A maioria da doutrina entende que o rol do art. 482 (Brasil, 1943) é taxativo, e não meramente exemplificativo, como se nota:

> Art. 482. Constituem justa causa para rescisão do contrato de trabalho pelo empregador:
>
> a) ato de improbidade;
>
> b) incontinência de conduta ou mau procedimento;
>
> c) negociação habitual por conta própria ou alheia sem permissão do empregador, e quando constituir ato de concorrência à empresa para a qual trabalha o empregado, ou for prejudicial ao serviço;
>
> d) condenação criminal do empregado, passada em julgado, caso não tenha havido suspensão da execução da pena;

e) desídia no desempenho das respectivas funções;

f) embriaguez habitual ou em serviço;

g) violação de segredo da empresa;

h) ato de indisciplina ou de insubordinação;

i) abandono de emprego;

j) ato lesivo da honra ou da boa fama praticado no serviço contra qualquer pessoa, ou ofensas físicas, nas mesmas condições, salvo em caso de legítima defesa, própria ou de outrem;

k) ato lesivo da honra ou da boa fama ou ofensas físicas praticadas contra o empregador e superiores hierárquicos, salvo em caso de legítima defesa, própria ou de outrem;

l) prática constante de jogos de azar;

m) perda da habilitação ou dos requisitos estabelecidos em lei para o exercício da profissão, em decorrência de conduta dolosa do empregado.

Parágrafo único. Constitui igualmente justa causa para dispensa de empregado a prática, devidamente comprovada em inquérito administrativo, de atos atentatórios à segurança nacional. (Brasil, 1943)

Essa modalidade de dispensa é aplicada, portanto, nos casos em que o empregado cometer uma falta grave.

— 6.8.1 —
Ato de improbidade

O ato de improbidade "pode se configurar pela prática de atos desonestos do trabalhador contra o patrimônio da empresa, aos bens materiais do empregador" (Martins, 2005, p. 45).

Configurado o ato de improbidade no caso de apresentação de atestado médico falso, proferiu-se a seguinte decisão pelo TST:

> AGRAVO DE INSTRUMENTO EM RECURSO DE REVISTA REGIDO PELA LEI 13.467/2017. TRANSCENDÊNCIA RECONHECIDA
>
> 1 – JUSTA CAUSA. No caso, extrai-se do acórdão regional que a reclamante admite que o atestado apresentado foi efetivamente adulterado, bem como que tinha conhecimento de que ele tinha a duração de apenas 1 dia. Nesse passo, sendo incontroversa a falta grave praticada, escorreita a manutenção da justa causa, notadamente diante da quebra da fidúcia inerente ao contrato de trabalho, decorrente do ato de improbidade e mau procedimento perpetrado pela trabalhadora, consistente na apresentação consciente de atestado adulterado. Agravo de instrumento não provido. (Brasil, 2020f)

O ato de improbidade está previsto no art. 482, alínea "a", da CLT e configura a primeira hipótese de falta grave prevista na lei.

— 6.8.2 —
Incontinência de conduta ou mau procedimento

A incontinência de conduta é o comportamento inadequado do empregado em relação a questões sexuais na constância do contrato de trabalho (Martins, 2005). Ela pode ainda ser caracterizada pela "importunação de colega com conotação sexual, a prática de atos libidinosos dentro do estabelecimento ou a utilização ou armazenamento de imagens que exponham sexo ou atos sexuais no meio ambiente de trabalho" (Leite, 2021, p. 305).

O mau procedimento, por sua vez, "diz respeito a qualquer ato que fira a moral e os bons costumes dentro da empresa, no sentido lato do termo. Seria, então, mau procedimento o consumo de drogas levado a cabo por empregados dentro da empresa e no horário de trabalho" (Leite, 2021, p. 306).

Destaca-se, por meio de decisão judicial, situação em que o empregado que exerce a função de vigia permitia que pessoas estranhas entrassem nas dependências da empresa, caso no qual conformou o TST a manutenção da justa causa, segundo a ementa a seguir:

> JUSTA CAUSA. MAU PROCEDIMENTO. VIGIA. PERMISSÃO DE ACESSO DE TERCEIROS ÀS DEPENÊNCIAS DA EMPREGADORA. APURAÇÃO DA FALTA EM SINDICÂNCIA. CONDUTA ADMITIDA PELO OBREIRO. INCIDÊNCIA DO ARTIGO 482, ALÍNEA "B", DA CLT.

O Regional, reformando a decisão de primeiro grau, reverteu a justa causa aplicada ao autor, por entender que o comportamento do obreiro (conceder permissão para que pessoas estranhas adentrassem nas dependências da empresa) não foi suficientemente grave para ensejar a dispensa motivada. O reclamante laborou em prol da reclamada exercendo o cargo de vigia, competindo-lhe, portanto, resguardar a segurança do ambiente de trabalho, proteger o patrimônio da empregadora e também das pessoas que circulam pelo local. Consta da decisão regional que a recorrente apresentou aos autos prova de que vinha punindo o autor pelas faltas ocorridas no decorrer do pacto laboral, observando os requisitos da imediatidade e da gradação na imposição das penalidades. Ainda se verifica, na decisão agravada, que o próprio obreiro confessou ter cometido ato irregular ao permitir o acesso de pessoas estranhas às dependências da empregadora, bem como que foram produzidos, sem qualquer vício, documentos em sindicância que atestaram a citada conduta. Assim, incontroversa a prática irregular do empregado que, na função de vigia, permitiu o acesso de terceiros ao interior da reclamada, bem como a obediência ao parâmetro da gradação de penalidades, isso porque, nos termos consignados no acórdão recorrido, foram aplicadas sanções de advertência às duas primeiras faltas cometidas pelo autor. Neste contexto, a aplicação da justa causa fez-se necessária, não havendo falar em desproporcionalidade da aplicação da pena. Recurso de revista conhecido e provido. (Brasil, 2017b)

A incontinência de conduta e o mau procedimento são, em outras palavras, faltas graves previstas no art. 482, alínea "b", que causam a dispensa do empregado por justa causa.

— 6.8.3 —
Negociação habitual

A negociação habitual pode ser caracterizada pelos atos de comércio praticados pelo empregado habitualmente em favor de terceiros, que provoquem concorrência com a atividade econômica desenvolvida pelo empregador (Leite, 2021). Por exemplo, empregada que trabalha em uma empresa multinacional de cosméticos e passa a comercializar, em suas redes sociais, produtos de empresa concorrente.

— 6.8.4 —
Condenação criminal do empregado, passada em julgado, caso não tenha havido suspensão da execução da pena

Verifica-se este tipo de justa causa quando "o cumprimento de sentença criminal condenatória em regime de reclusão impede a prestação de serviços, ou seja, impede o cumprimento da principal obrigação do empregado na relação empregatícia" (Leite, 2021, p. 306).

— 6.8.5 —
Desídia no desempenho das respectivas funções

A desídia caracteriza-se "como um conjunto de pequenas faltas, que mostram a omissão do empregado em serviço, desde que haja repetição de altos faltosos", deixando de cumprir suas obrigações de forma diligente (Martins, 2005, p. 95).

"Em termos coloquiais, desídia significa falta de atenção, de zelo; desleixo, incúria. Em linguagem científica, desídia pode decorrer de imperícia, imprudência ou negligência do empregado no desempenho de suas funções laborativas" (Leite, 2021, p. 307). Como exemplos, podemos citar faltas injustificadas e atrasos na entrada e saída do trabalho de forma reiterada.

— 6.8.6 —
Embriaguez habitual ou em serviço

Com relação à embriaguez, esta pode resultar da utilização de tóxicos e álcool, sobre a qual se pode verificar o seguinte posicionamento doutrinário:

> A lei disciplina duas formas: a embriaguez habitual fora do serviço e na vida privada do empregado, mas desde que repercutam no ambiente de trabalho os efeitos dessa situação de ebriedade; e a embriaguez no serviço, que se consuma

em um só ato, mediante a simples apresentação do trabalhador no local de trabalho em estado de embriaguez ou desde que se ponha em tal estado durante o serviço. (Leite, 2021, p. 307)

A embriaguez habitual, entendida como doença, enseja o tratamento do empregado, e não sua dispensa; no entanto, quando eventual, pode ensejar a dispensa imediata do contrato de trabalho. Nesse sentido, cabe examinarmos julgado do TRT da 9ª Região:

> **JUSTA CAUSA. EBRIEDADE NÃO HABITUAL. FALTA GRAVE. VALIDADE DA DISPENSA.** A ebriedade habitual é causa de incapacidade relativa, nos termos do artigo 4ª do Código Civil. Embora sua declaração para os atos da vida civil refuja à competência da Justiça do Trabalho, além de não ser objeto desta demanda, não se pode desprezar o fato de que a compulsão pelo uso de álcool e os transtornos mentais advindos de tais hábitos interferem de forma decisiva no comportamento e discernimento do viciado, comprometendo inequivocamente a segurança de uma coletividade, como no caso dos autos, em se tratando de transporte ferroviário. Verificada a cronicidade da doença, não estaria configurada falta grave do empregado, por se tratar de pessoa doente. Como a Organização Mundial da Saúde formalmente reconhece o alcoolismo crônico como doença grave no Código Internacional de Doenças (CID), diante da inolvidável fato de que se trata de patologia, o posicionamento jurisprudencial é essencialmente no sentido de que deve haver o encaminhamento do trabalhador para reabilitação e gozo de benefício previdenciário, quando então

o contrato de trabalho passa a estar suspenso. No entanto, no caso concreto, não comprovado que o autor é portador da doença crônica alcoolismo e constatando-se que a empresa agiu de forma pedagógica na aplicação de penalidades gradativas, a aplicação da justa causa em razão de embriaguez em serviço, cumulada comprovadamente após novo ato de indisciplina e insubordinação, no cumprimento de ordens da ré, correta a aplicação da justa causa pela ré, mantendo-se a r. sentença *a quo*. (Paraná, 2021)

Assim, se o estado de embriaguez do empregado configurar-se após a jornada laboral e não tiver repercussão no contrato de trabalho, ele não pode servir de causa para a dissolução do contrato. No entanto, se ficar constatado o alcoolismo, deve-se encaminhar o empregado para tratamento, e não aplicar-lhe justa causa (Delgado, 2017).

— 6.8.7 —
Violação de segredo da empresa

Esta modalidade de falta grave concerne à

divulgação não autorizada das patentes de invenção, métodos de execução, fórmulas, escrita comercial e, enfim, de todo fato, ato ou coisa que, de uso ou conhecimento exclusivo da empresa, não possa ou não deva ser tornado púbico, sob pena de causar prejuízo remoto, provável ou imediato à empresa. (Nascimento; Nascimento, 2018, p. 451)

Implica a divulgação pelo empregado "de qualquer outro bem (corpóreo ou incorpóreo) de uso ou conhecimento exclusivo da empresa sem autorização desta, como banco de dados contendo lista ou carteira de clientes, e-mails, telefones etc." (Leite, 2021, p. 308).

— 6.8.8 —
Ato de indisciplina ou de insubordinação

O **ato de indisciplina** configura-se pela desobediência às normas gerais da empresa, divulgadas por meio de circulares, portarias, ordens de serviço e instruções gerais escritas ou verbais (Nascimento; Nascimento, 2018). Já o **ato de insubordinação** refere-se ao não cumprimento de ordens pessoais para o empregado emanadas de superior hierárquico (Nascimento; Nascimento, 2018). Por exemplo, é um ato de indisciplina quando o empregado descumpre a norma empresarial de não utilizar o celular no horário de trabalho; e é um ato de insubordinação quando o funcionário não acata determinação direta de superior hierárquico.

Para uma compreensão aprofundada, replicamos a seguinte ementa:

JUSTA CAUSA – ATO DE INDISCIPLINA E INSUBORDINAÇÃO – RECUSA EM PRESTAR SERVIÇO – INOBSERVÂNCIA À LEI 7.783/89. O direito de greve deve ser exercido segundo os ditames da Lei de Greve (art. 2º da Lei 7.783/89), mediante a intermediação do Sindicato Profissional, sendo descabido o procedimento adotado pela trabalhadora, ao se recusar a prestar serviço, implicando na indevida interrupção da atividade do empregador, ainda que momentânea, com prejuízo de sua atividade. (Paraná, 2016)

É pertinente enfatizar que o empregado pode cometer mais de uma falta, sobre o que se destaca a decisão:

JUSTA CAUSA – DESÍDIA E ATO DE INDISCIPLINA E INSUBORDINAÇÃO – De acordo com o magistério de Evaristo de Moraes Filho, para que se configure a justa causa "torna-se necessário que a falta imputada ao empregado atinja realmente aqueles limites máximos de tolerância, passados os quais desaparece a confiança característica do contrato de trabalho". Em se tratando de indisciplina e insubordinação no desempenho das funções, é possível que um só ato faltoso, diante da gravidade e das circunstâncias, enseje a dispensa por justa causa. No caso dos autos, o Autor deixou de cumprir com suas obrigações, recusando-se a cumprir com as ordens de seu superior, bem como instigou seus colegas a fazer o mesmo. Torna-se insustentável a manutenção de uma relação empregatícia quando se recusa a cumprir as ordens emanadas e, ainda, procura deturpar o ambiente de trabalho, lançando mão de argumentos e conversas paralelas com os demais colegas, em altos brados, na tentativa de causar descontentamentos e desarmonia entre seus colegas para com os superiores. Cabível, portanto, o reconhecimento da justa causa, restando configurada a desídia no desempenho das funções, bem como ato de indisciplina e insubordinação. Sentença que se mantém. (Paraná, 2010)

Observam-se, por meio da análise das ementas jurisprudenciais, diferenças entre o ato de indisciplina e o de insubordinação, porém o empregado pode cometer as duas faltas graves e ser dispensado por justa causa.

— 6.8.9 —
Abandono de emprego

O abandono de emprego configura-se "mediante a ausência continuada do empregado com o ânimo de não mais trabalhar. Dois requisitos o caracterizam: o decurso de um período determinado de ausência ao serviço (elemento objetivo) e a intenção manifesta do empregado em romper o contrato (elemento subjetivo)" (Nascimento; Nascimento, 2018, p. 451).

Quanto ao prazo para a configuração do abandono de emprego, verifica-se que o TST já se pronunciou a respeito por meio da Súmula n. 32, de 21 de novembro de 2003, conforme a qual "presume-se o abandono de emprego se o trabalhador não retornar ao serviço no prazo de 30 (trinta) dias após a cessação do benefício previdenciário nem justificar o motivo de não o fazer" (Brasil, 2003c).

— 6.8.10 —
Demais atos passíveis de extinção contratual

Cabe destacar, ainda, as seguintes ações passíveis de extinção contratual:

- Ato lesivo da honra ou da boa fama praticado no serviço contra qualquer pessoa, ou ofensas físicas, nas mesmas condições, salvo em caso de legítima defesa, própria ou de outrem.
- Ato lesivo da honra ou da boa fama ou ofensas físicas praticadas contra o empregador e superiores hierárquicos, salvo em caso de legítima defesa, própria ou de outrem.
- Prática constante de jogos de azar.
- Perda da habilitação ou dos requisitos estabelecidos em lei para o exercício da profissão, em decorrência de conduta dolosa do empregado.
- Faltas graves específicas.

Vejamos, na sequência, cada uma delas.

Ato lesivo da honra ou da boa fama praticado no serviço contra qualquer pessoa, ou ofensas físicas, nas mesmas condições, salvo em caso de legítima defesa, própria ou de outrem

Entende-se que configura ato lesivo da honra ou da boa fama ações que ofendam à honra do empregador ou de terceiros, havendo "calúnia, injúria ou difamação" (Nascimento; Nascimento, 2018, p. 451). Como exemplo, podemos citar postagens ofensivas à empresa nas redes sociais.

Ato lesivo da honra ou da boa fama ou ofensas físicas praticadas contra o empregador e superiores hierárquicos, salvo em caso de legítima defesa, própria ou de outrem

Nesta hipótese, configura-se ofensa física "a agressão tentada ou consumada, contra superior hierárquico, empregadores, colegas ou terceiros, no local do trabalho ou em estreita relação com o serviço" (Nascimento; Nascimento, 2018, p. 452). O local da agressão, nesse caso, é a própria empresa ou algum ambiente relacionado.

Prática constante de jogos de azar

Nesta hipótese, o empregado pratica jogos recorrentemente, os quais estão previstos em legislação especial (Nascimento; Nascimento, 2018, p. 452).

Perda da habilitação ou dos requisitos estabelecidos em lei para o exercício da profissão, em decorrência de conduta dolosa do empregado

A perda da habilitação por parte do empregado que exerce a função de motorista profissional foi introduzida pela Lei n. 13.467/2017 e constitui falta grave, pois um dos requisitos para que possa exercer sua função é a carteira de habilitação em plena validade.

Diante dessa hipótese, observa-se que muitos casos foram julgados. Colaciona-se recente decisão do TST:

> CPC/2015. INSTRUÇÃO NORMATIVA N° 40 DO TST. JUSTA CAUSA/FALTA GRAVE. MOTORISTA PROFISSIONAL QUE TEVE O DIREITO DE DIRIGIR SUSPENSO NO CURSO DO CONTRATO DE TRABALHO.
>
> Embora atos de indisciplina estejam comumente relacionados às regras gerais de conduta emanadas pelo empregador, seu conceito é mais amplo e abrange também outras normas, inclusive leis. Além disso, o ato deve ser dotado de tamanha gravidade que incompatibilize a relação com o empregador e prejudique o bom andamento da produção. Deve, portanto, repercutir no contrato de trabalho a ponto de causar prejuízo às atividades da empresa. No presente caso, o autor,

contratado como motorista profissional, cometeu infração de trânsito ao dirigir sob a influência de álcool, que gerou a suspensão do seu direito de dirigir pelo período de 1 ano. Assim, ao ter suspenso requisito indispensável para o exercício de sua profissão, comprometeu de forma grave o desempenho de suas atividades na empresa, o que valida a dispensa por justa causa. Recurso de revista conhecido e provido. (Brasil, 2020g, grifo do original)

Logo, se omitir de seu empregador que está com a carteira de habilitação inválida, o empregado motorista estará cometendo uma falta grave, que pode ensejar sua dispensa com justa causa.

Faltas graves específicas

Observe-se ainda que podem ocorrer faltas graves específicas, a saber: recusa, por parte do empregado ferroviário e em caso de urgência ou acidente, a fazer hora extra (art. 240 da CLT); recusa injustificada do empregado a obedecer às disposições legais e regulamentares sobre segurança e medicina do trabalho, inclusive as ordens de serviço expedidas pelo empregador; não uso do equipamento de proteção individual (EPI) (art. 158 da CLT); não realização dos exames médicos previstos nas normas regulamentadoras; uso indevido do vale transporte (art. 7º, § 3º, do Decreto n. 95.247, de 17 de novembro de 1987) (Brasil, 1943, 1987).

Inquérito para apuração de falta grave

Abre-se inquérito para apuração de falta grave nos casos de estabilidade decorrente do exercício da função de dirigente sindical e de rescisão por justa causa de empregado público. Nesse sentido, destaca-se o art. 494 da CLT:

> Art. 494. O empregado acusado de falta grave poderá ser suspenso de suas funções, mas a sua despedida só se tornará efetiva após o inquérito e que se verifique a procedência da acusação.
>
> Parágrafo único. A suspensão, no caso deste artigo, perdurará até a decisão final do processo. (Brasil, 1943)

Assim, trata-se de uma ação especial ajuizada pelo empregador, que deve comprovar judicialmente que o empregado estável cometeu uma das faltas graves do art. 482 da CLT.

— 6.9 —
13º salário na extinção do contrato de trabalho

Quando da extinção do contrato de trabalho, salvo na modalidade de dispensa por justa causa, o empregador deve pagar o 13º salário proporcionalmente aos meses trabalhados. Nesse sentido, o art. 1º do Decreto n. 57.155, de 3 de novembro de 1965:

Art. 1º O pagamento da gratificação salarial, instituída pela Lei nº 4.090, de 13 de julho de 1962, com as alterações constantes da Lei nº 4.749, de 12 de agosto de 1965, será efetuado pelo empregador até o dia 20 de dezembro de cada ano, tomando-se por base a remuneração devida nesse mês de acordo com o tempo de serviço do empregado no ano em curso.

Parágrafo único. A gratificação corresponderá a 1/12 (um doze avos) da remuneração devida em dezembro, por mês de serviço, do ano correspondente, sendo que a fração igual ou superior a 15 (quinze) dias de trabalho será havida como mês integral. (Brasil, 1965a)

O 13º salário foi incluído no art. 7º, inciso VII, da CF: "décimo terceiro salário com base na remuneração integral ou no valor da aposentadoria" (Brasil, 1988a).

— 6.10 —
Aviso-prévio

O aviso prévio é a notificação da extinção do contrato de trabalho pelo empregador ou pelo empregado conforme os prazos previstos em lei, "com o dever de manter o contrato depois dessa comunicação até o decurso do prazo nela previsto, sob pena de pagamento de uma quantia substitutiva, no caso da ruptura do contrato" (Nascimento; Nascimento, 2018, p. 473).

O aviso-prévio será cabível a depender do tipo de contrato de trabalho, e poderá ser trabalhado ou indenizado. O prazo mínimo será de 30 dias, de acordo com o art. 7º, inciso XXI, da CF: "aviso prévio proporcional ao tempo de serviço, sendo no mínimo de trinta dias, nos termos da lei" (Brasil, 1988a).

Nos contratos de trabalho por prazo determinado, a regra geral é a de que não se utilize o instituto do aviso-prévio, pois os contratos têm prazos de início e término já preestabelecidos, contexto no qual, quando ultrapassado o prazo contratual, convertem-se em contratos por prazo indeterminado.

No entanto, pode ocorrer o término antecipado, como em um contrato de experiência cujo prazo celebrado é de 90 dias, mas uma das partes, empregador ou empregado, não satisfeita com a prestação de serviços, resolve extingui-lo antecipadamente – deve-se verificar a existência de cláusula assecuratória de reciprocidade e, se ela não existir, aplica-se o instituto do aviso-prévio.

Destaca-se a Súmula n. 163 do TST: "Cabe aviso prévio nas rescisões antecipadas dos contratos de experiência, na forma do art. 481 da CLT" (Brasil, 2021c).

A Lei n. 12.506, de 11 de outubro de 2011, regulamentou o art. 7º, inciso XXI, da CF de 1988 e instituiu o aviso-prévio proporcional ao tempo de serviço para os trabalhadores com mais de um ano de empresa (Brasil, 2011).

> Art. 1º O aviso prévio, de que trata o Capítulo VI do Título IV da Consolidação das Leis do Trabalho – CLT, aprovada pelo Decreto-Lei nº 5.452, de 1º de maio de 1943, será concedido

na proporção de 30 (trinta) dias aos empregados que contem até 1 (um) ano de serviço na mesma empresa.

Parágrafo único. Ao aviso prévio previsto neste artigo serão acrescidos 3 (três) dias por ano de serviço prestado na mesma empresa, até o máximo de 60 (sessenta) dias, perfazendo um total de até 90 (noventa) dias.

Ressalta-se que, na existência de um contrato por prazo indeterminado, quando uma das partes quiser rescindir o contrato, deve, conforme dispõe o art. 487 da CLT, tratando-se da modalidade de aviso prévio trabalhado, observar as seguintes regras:

> Não havendo prazo estipulado, a parte que, sem justo motivo, quiser rescindir o contrato deverá avisar a outra da sua resolução com a antecedência mínima de:
>
> I - oito dias, se o pagamento for efetuado por semana ou tempo inferior;
>
> II - trinta dias aos que perceberem por quinzena ou mês, ou que tenham mais de 12 (doze) meses de serviço na empresa.
>
> § 1º A falta do aviso prévio por parte do empregador dá ao empregado o direito aos salários correspondentes ao prazo do aviso, garantida sempre a integração desse período no seu tempo de serviço.
>
> § 2º A falta de aviso prévio por parte do empregado dá ao empregador o direito de descontar os salários correspondentes ao prazo respectivo.

§ 3º Em se tratando de salário pago na base de tarefa, o cálculo, para os efeitos dos parágrafos anteriores, será feito de acordo com a média dos últimos 12 (doze) meses de serviço.

§ 4º É devido o aviso prévio na despedida indireta.

§ 5º O valor das horas extraordinárias habituais integra o aviso prévio indenizado.

§ 6º O reajustamento salarial coletivo, determinado no curso do aviso prévio, beneficia o empregado pré-avisado da despedida, mesmo que tenha recebido antecipadamente os salários correspondentes ao período do aviso, que integra seu tempo de serviço para todos os efeitos legais. (Brasil, 1943)

A reconsideração da concessão do aviso-prévio pode acontecer se, decorrido o prazo, a parte que o notificou se arrepender, cabendo, no entanto, ao notificado aceitar ou não a reconsideração. É o que estabelece o art. 489 da CLT:

> Art. 489. Dado o aviso prévio, a rescisão torna-se efetiva depois de expirado o respectivo prazo, mas, se a parte notificante reconsiderar o ato, antes de seu termo, à outra parte é facultado aceitar ou não a reconsideração.
>
> Parágrafo único. Caso seja aceita a reconsideração ou continuando a prestação depois de expirado o prazo, o contrato continuará a vigorar, como se o aviso prévio não tivesse sido dado.

Outra possibilidade é a cessação da atividade da empresa, conforme disposição da Súmula n. 444, de 27 de setembro de 2012, do TST: "a cessação da atividade da empresa, com o pagamento da indenização, simples ou em dobro, não exclui, por si só, o direito do empregado ao aviso prévio" (Brasil, 2012e).

Pode, ainda, ocorrer a renúncia pelo empregado do cumprimento do aviso-prévio, é o que diz a Súmula n. 276, de 21 de novembro de 2003, do TST: "O direito ao aviso prévio é irrenunciável pelo empregado. O pedido de dispensa de cumprimento não exime o empregador de pagar o respectivo valor, salvo comprovação de haver o prestador dos serviços obtido novo emprego" (Brasil, 2003l).

— 6.11 —
FGTS

O FGTS é um percentual recolhido mês a mês pelo empregador, para todos os tipos de contrato de trabalho, tendo como base de cálculo a remuneração, sendo uma obrigação para o empregador e um direito assegurado aos trabalhadores urbanos e rurais.

A multa sobre os depósitos do FGTS apenas é devida em casos de extinção do contrato de trabalho: despedida sem justa causa; despedida indireta; rescisão por força maior; culpa recíproca e distrato (acordo).

A obrigatoriedade do FGTS está prevista no art. 7º, inciso III, da CF de 1988; no art. 10, inciso I, do Ato das Disposições

Constitucionais Transitórias (ADCT) (1988b), com relação ao pagamento da multa de 40%; no art. 9º, parágrafo 1º, do Decreto n. 99.684, de 8 de novembro de 1990 (Brasil, 1990b), que também regulamenta a multa de 40%; no art. 28 desse mesmo decreto, que estipula as hipóteses de depósito em casos de interrupção do contrato de trabalho; no art. 15, *caput*, da Lei n. 8.036, de 11 de maio de 1990 (Brasil, 1990a) – percentual de 8%; no art. 15, parágrafo 7º, da mesma lei – aprendiz no percentual de 2%; no art. 18, parágrafo 2º, desse instrumento legal – rescisão por força maior; no art. 20 dessa lei – hipóteses de saque dos valores; no art. 484-A da CLT – acordo ou distrato; e nos arts. 21 e 22 da Lei Complementar n. 150, de 1º de junho de 2015 (2015a) – empregado doméstico.

— 6.12 —
Seguro-desemprego

O seguro-desemprego está previsto no art. 7º, inciso II, da CF de 1988, e regulamentado pela Lei n. 7.998, de 11 de janeiro de 1990 (Brasil, 1990c). Ele é pago nos casos de despedida sem justa causa e na despedida indireta. Os empregados domésticos também têm direito a recebê-lo.

Os requisitos para obtê-lo estão discriminados na lei. Quando ocorre a extinção do contrato de trabalho, o empregador deve entregar as guias de seguro-desemprego para que o empregado, se tiver direito, faça jus ao recebimento.

Exercícios

1) (FGV – 2020 – OAB) Eduardo e Carla são empregados do Supermercado Praiano Ltda., exercendo a função de caixa. Após 10 meses de vigência do contrato, ambos receberam aviso-prévio em setembro de 2019, para ser cumprido com trabalho. Contudo, 17 dias após, o Supermercado resolveu reconsiderar a sua decisão e manter Eduardo e Carla no seu quadro de empregados. Ocorre que ambos não desejam prosseguir, porque, nesse período, distribuíram seus currículos e conseguiram a promessa de outras colocações num concorrente do Supermercado Praiano, com salário um pouco superior.

Diante da situação posta e dos termos da CLT, assinale a afirmativa correta.

a) Os empregados não são obrigados a aceitar a retratação, que só gera efeito se houver consenso entre empregado e empregador.

b) Os empregados são obrigados a aceitá-la, uma vez que a retratação foi feita pelo empregador ainda no período do aviso prévio.

c) A retratação deve ser obrigatoriamente aceita pela parte contrária se o aviso prévio for trabalhado, e, se for indenizado, há necessidade de concordância das partes.

d) O empregador jamais poderia ter feito isso, porque a CLT não prevê a possibilidade de reconsideração de aviso-prévio, que se torna irreversível a partir da concessão.

2) (FGV – 2019 – OAB) Uma indústria de calçados, que se dedica à exportação, tem 75 empregados. No último ano, Davi foi aposentado por invalidez, Heitor pediu demissão do emprego, Lorenzo foi dispensado por justa causa e Laura rompeu o contrato por acordo com o empregador, aproveitando-se da nova modalidade de ruptura trazida pela Lei n. 13.467/2017 (Reforma Trabalhista).

De acordo com a norma de regência, assinale a opção que indica, em razão dos eventos relatados, quem tem direito ao saque do FGTS.

a) Davi e Laura, somente.

b) Todos poderão sacar o FGTS.

c) Laura, somente.

d) Davi, Heitor e Lorenzo, somente.

3) (FGV – 2019 – OAB) A sociedade empresária Ômega Ltda. deseja reduzir em 20% o seu quadro de pessoal, motivo pelo qual realizou um acordo coletivo com o sindicato de classe dos seus empregados, prevendo um programa de demissão incentivada (PDI), com vantagens econômicas para aqueles que a ele aderissem. Gilberto, empregado da empresa havia 15 anos, aderiu ao referido Programa em 12/10/2018, recebeu a indenização prometida sem fazer qualquer ressalva e, 3 meses depois, ajuizou reclamação trabalhista contra o ex-empregador. Diante da situação apresentada e dos termos da CLT, assinale a afirmativa correta.

a) A adesão ao programa de demissão incentivada (PDI) não impede a busca, com sucesso, por direitos lesados.

b) A quitação plena e irrevogável pela adesão ao programa de demissão incentivada (PDI) somente ocorreria se isso fosse acertado em convenção coletiva, mas não em acordo coletivo.

c) O empregado não terá sucesso na ação, pois conferiu quitação plena.

d) A demanda não terá sucesso, exceto se Gilberto previamente devolver em juízo o valor recebido pela adesão ao programa de demissão incentivada (PDI).

Considerações finais

Nesta obra, analisamos a diferença entre relação de trabalho e relação de emprego, retomando alguns conceitos já pressupostos na área de direito trabalhista. Assim, intentamos que você, leitor, pudesse entender melhor os conteúdos relativos ao contrato de trabalho, aos seus elementos, às suas espécies e características, aos sujeitos envolvidos, à terceirização, às causas de interrupção e suspensão e às alterações que podem ser empreendidas durante sua vigência.

Analisamos também duração de jornada; intervalos; salário e remuneração; parcelas salariais e férias; estabilidades decorrentes do contrato de trabalho, assim como as formas de extinção dele; aviso-prévio; Fundo de Garantia do Tempo de Serviço (FGTS); 13º salário; e seguro-desemprego.

Apresentamos várias modificações efetivadas desde a Reforma Trabalhista (com o advento da Lei n. 13.467/2017) (Brasil, 2017a), após a qual houve a inserção de vários capítulos e artigos na Consolidação das Leis do Trabalho (CLT) (Brasil, 1943), como o art. 4º, que descreve as situações nas quais o empregado, depois do término regular de sua jornada de trabalho, não é visto como utente de tempo à disposição. Ademais, esse item destaca que não é preciso pagar horas extras quando o funcionário participar de atividades religiosas, estudar no ambiente de trabalho ou engajar-se em momentos de relacionamento social.

Houve, ainda, no ano de 2019, a promulgação da Lei n. 13.874/2019 (Brasil, 2019a), que modificou o art. 29 da CLT e alterou o prazo de 48 horas para 5 dias úteis na anotação da Carteira de Trabalho e Previdência Social (CTPS) do empregado contratado, assim como viabilizou o registro na CTPS digital.

Nesse contexto, foram regulamentadas a jornada de trabalho 12×36, a possibilidade de acordo individual escrito para a implantação do banco de horas e para a compensação de jornada, a possibilidade de acordo individual (escrito ou tácito), a modificação do adicional de horas extras para o percentual de 50%, e as horas de intervalo intrajornada não usufruídas, pagamento como horas indenizadas. Além disso, foram incluídos artigos sobre o teletrabalho, cujo controle de jornada deixou de ser obrigatório para o empregado desse regime.

Ao longo das discussões, vimos que a Lei n. 13.467/2017 permitiu a divisão das férias em 3 períodos, um dos quais não pode ser inferior a 14 dias, e os outros não podem ser inferiores a 5 dias, além da proibição do início das férias no período de 2 dias antes de feriados ou descanso semanal remunerado. Incluiu-se, ainda, um capítulo sobre o dano extrapatrimonial, que trouxe a instauração do dano existencial e dos parâmetros para o julgamento do dano. Revogou-se o art. 384 da CLT, que estipulava descanso de 15 minutos após o término da jornada, antes do início do trabalho em horas extras. Somam-se a isso as novas modalidades de contratação: contrato intermitente e trabalhador autônomo.

Com relação à remuneração e ao trabalho, verificamos que várias verbas que tinham natureza salarial passaram a ter natureza indenizatória, como diárias para viagem, prêmios e abonos, tendo sido revogada a possibilidade de incorporação de gratificação após 10 anos de trabalho em cargo de chefia.

Destacamos que o art. 461 foi modificado, razão pela qual a equiparação salarial passou a ter vários requisitos antes previstos na Súmula n. 6 do Tribunal Superior do Trabalho (TST) (Brasil, 2015b). Outrossim, unificou-se o prazo para pagamento das verbas rescisórias em 10 dias, independentemente da forma de extinção do contrato de trabalho, tendo sido retirada a obrigatoriedade de homologação do Termo de Rescisão de Contrato de Trabalho (TRCT) pelos sindicatos representativos das categorias profissionais.

Por fim, versamos sobre a adição de artigos referentes à possibilidade de dispensas imotivadas individuais e coletivas, dispensas por meio de plano de demissão voluntária ou incentivada, bem como à extinção contratual acordada entre empregador e empregado.

Lista de siglas

ACT – acordo coletivo de trabalho
ADCT – Ato das Disposições Constitucionais Transitórias
CCP – comissão de conciliação prévia
CCT – convenção coletiva de trabalho
CF – Constituição Federal
Cipa – Comissão Interna de Prevenção de Acidentes
CLT – Consolidação das Leis do Trabalho
CNPS – Conselho Nacional de Previdência Social
CTPS – Carteira de Trabalho e Previdência Social
DSR – descanso semanal remunerado
EPI – equipamento de proteção individual

FGTS – Fundo de Garantia do Tempo de Serviço
INSS – Instituto Nacional do Seguro Social
IR – Imposto de Renda
MTPS – Ministério do Trabalho e Previdência Social
OJ – orientação jurisprudencial
OIT – Organização Internacional do Trabalho
RT – Reforma Trabalhista
SDI-I – Seção de Dissídios Individuais – I
SIT – Subsecretaria de Inspeção do Trabalho
STF – Supremo Tribunal Federal
TRCT – Termo de Rescisão de Contrato de Trabalho
TST – Tribunal Superior do Trabalho

Referências

ALVES, T. Trabalho flexível, longevidade e sociedade 5.0. **Forbes Brasil**, 8 nov. 2019. Disponível em: <https://forbes.com.br/brand-voice/2019/11/trabalho-flexivel-longevidade-e-sociedade-5-0/>. Acesso em: 11 maio 2021.

BARROS, A. M. de. **Curso de direito do trabalho**. 3. ed. São Paulo: LTr, 2007.

BAUMAN, Z. **Vigilância líquida**: diálogos com David Lyon. Tradução de Carlos Alberto Medeiros. Rio de Janeiro: Zahar, 2013.

BRASIL. Constituição (1988). **Diário Oficial da União**, Poder Legislativo, Brasília, DF, 5 out. 1988a. Disponível em: <http://www.planalto.gov.br/ccivil_03/constituicao/constituicaocompilado.htm>. Acesso em: 11 maio 2021.

BRASIL. Constituição (1988). Ato das Disposições Constitucionais Transitórias. **Diário Oficial da União**, Poder Legislativo, Brasília, DF, 5 out. 1988b. Disponível em: <http://www.planalto.gov.br/ccivil_03/constituicao/constituicao.htm#adct>. Acesso em: 11 maio 2021.

BRASIL. Decreto n. 2.100, de 20 de dezembro de 1996. **Diário Oficial da União**, Poder Executivo, Brasília, DF, 23 dez. 1996. Disponível em: <https://www.planalto.gov.br/ccivil_03/decreto/1996/d2100.htm>. Acesso em: 11 maio 2021.

BRASIL. Decreto n. 9.579, de 22 de novembro de 2018. **Diário Oficial da União**, Poder Executivo, Brasília, DF, 23 nov. 2018a. Disponível em: <https://www2.camara.leg.br/legin/fed/decret/2018/decreto-9579-22-novembro-2018-787359-norma-pe.html>. Acesso em: 11 maio 2021.

BRASIL. Decreto n. 10.088, de 5 de novembro de 2019. **Diário Oficial da União**, Poder Executivo, Brasília, DF, 6 nov. 2019b. Disponível em: <http://www.planalto.gov.br/ccivil_03/_Ato2019-2022/2019/Decreto/D10088.htm>. Acesso em: 11 maio 2021.

BRASIL. Decreto n. 57.155, de 3 de novembro de 1965. **Diário Oficial da União**, Poder Executivo, Brasília, DF, 4 nov. 1965a. Disponível em: <http://www.planalto.gov.br/ccivil_03/decreto/1950-1969/d57155.htm>. Acesso em: 11 maio 2021.

BRASIL. Decreto n. 73.626, de 12 de fevereiro de 1974. **Diário Oficial da União,** Poder Executivo, Brasília, DF, 12 fev. 1974.Disponível em: <http://www.planalto.gov.br/ccivil_03/decreto/1970-1979/D73626.htm>. Acesso em: 11 maio 2021.

BRASIL. Decreto n. 95.247, de 17 de novembro de 1987. **Diário Oficial da União,** Poder Executivo, Brasília, DF, 18 nov. 1987. Disponível em: <http://www.planalto.gov.br/ccivil_03/decreto/d95247.htm>. Acesso em: 11 maio 2021.

BRASIL. Decreto n. 99.684, de 8 de novembro de 1990. **Diário Oficial da União**, Poder Executivo, Brasília, DF, 12 nov. 1990b. Disponível em: <http://www.planalto.gov.br/ccivil_03/decreto/d99684.htm>. Acesso em: 11 maio 2021.

BRASIL. Decreto-Lei n. 3.689, de 3 de outubro de 1941. **Diário Oficial da União**, Poder Executivo, Brasília, DF, 13 out. 1941. Disponível em: <http://www.planalto.gov.br/ccivil_03/decreto-lei/del3689compilado.htm>. Acesso em: 11 maio 2021.

BRASIL. Decreto-Lei n. 5.452, de 1º de maio de 1943. **Diário Oficial da União**, Poder Executivo, Brasília, DF, 9 ago. 1943. Disponível em: <http://www.planalto.gov.br/ccivil_03/decreto-lei/del5452.htm>. Acesso em: 11 maio 2021.

BRASIL. Emenda Constitucional n. 72, de 2 de abril de 2013. **Diário Oficial da União**, Poder Legislativo, Brasília, DF, 3 abr. 2013b. Disponível em: <http://www.planalto.gov.br/ccivil_03/constituicao/Emendas/Emc/emc72.htm>. Acesso em: 11 maio 2021.

BRASIL. Lei Complementar n. 146, de 25 de junho de 2014. **Diário Oficial da União**, Poder Legislativo, Brasília, DF, 26 jun. 2014a. Disponível em: <http://www.planalto.gov.br/ccivil_03/LEIS/LCP/Lcp146.htm>. Acesso em: 11 maio 2021.

BRASIL. Lei Complementar n. 150, de 1º de junho de 2015. **Diário Oficial da União**, Poder Legislativo, Brasília, DF, 2 jun. 2015a. Disponível em: <http://www.planalto.gov.br/ccivil_03/leis/LCP/Lcp150.htm>. Acesso em: 11 maio 2021.

BRASIL. Lei n. 605, de 5 de janeiro de 1949. **Diário Oficial da União**, Poder Legislativo, Brasília, DF, 14 jan. 1949. Disponível em: <http://www.planalto.gov.br/ccivil_03/leis/l0605.htm>. Acesso em: 11 maio 2021.

BRASIL. Lei n. 2.959, de 17 de novembro de 1956. **Diário Oficial da União**, Poder Legislativo, Brasília, DF, 21 nov. 1956. Disponível em: <http://www.planalto.gov.br/ccivil_03/leis/L2959.htm>. Acesso em: 11 maio 2021.

BRASIL. Lei n. 3.071, de 1º de janeiro de 1916. **Diário Oficial da União**, Poder Legislativo, Brasília, DF, 1º jan. 1916. Disponível em: <http://www.planalto.gov.br/ccivil_03/leis/l3071.htm>. Acesso em: 11 maio 2021.

BRASIL. Lei n. 3.207, de 18 de julho de 1957. **Diário Oficial da União**, Brasília, DF, 22 jul. 1957. Disponível em: <http://www.planalto.gov.br/ccivil_03/leis/l3207.htm>. Acesso em: 11 maio 2021.

BRASIL. Lei n. 3.999, de 15 de dezembro de 1961. **Diário Oficial da União**, Poder Legislativo, Brasília, DF, 15 dez. 1961. Disponível em: <http://www.planalto.gov.br/ccivil_03/leis/1950-1969/l3999.htm>. Acesso em: 11 maio 2021.

BRASIL. Lei n. 4.090, de 13 de julho de 1962. **Diário Oficial da União**, Poder Legislativo, Brasília, DF, 26 jul. 1962. Disponível em: <http://www.planalto.gov.br/ccivil_03/leis/L4090.htm>. Acesso em: 11 maio 2021

BRASIL. Lei n. 4.749, de 12 de agosto de 1965. **Diário Oficial da União**, Poder Executivo, Brasília, DF, 12 ago. 1965b. Disponível em: <http://www.planalto.gov.br/ccivil_03/leis/l4749.htm>. Acesso em: 11 maio 2021.

BRASIL. Lei n. 5.764, de 16 de dezembro de 1971. **Diário Oficial da União**, Poder Executivo, Brasília, DF, 16 dez. 1971. Disponível em: <http://www.planalto.gov.br/ccivil_03/leis/l5764.htm>. Acesso em: 11 maio 2021.

BRASIL. Lei n. 5.859, de 11 de dezembro de 1972. **Diário Oficial da União**, Poder Executivo, Brasília, DF, 12 dez. 1972. Disponível em: <https://legislacao.presidencia.gov.br/atos/?tipo=LEI&numero=5859&ano=1972&ato=8b7Azaq5UNjRVT7a6>. Acesso em: 11 maio 2021.

BRASIL. Lei n. 5.889, de 8 de junho de 1973. **Diário Oficial da União**, Poder Executivo, Brasília, DF, 11 out. 1973. Disponível em: <http://www.planalto.gov.br/ccivil_03/leis/l5889.htm>. Acesso em: 11 maio 2021.

BRASIL. Lei n. 6.533, de 24 de maio de 1978. **Diário Oficial da União**, Poder Legislativo, Brasília, DF, 26 maio 1978a. Disponível em: <http://www.planalto.gov.br/ccivil_03/leis/l6533.htm>. Acesso em: 11 maio 2021.

BRASIL. Lei n. 7.783, de 28 de junho de 1989. **Diário Oficial da União**, Poder Executivo, Brasília, DF, 29 jun. 1989. Disponível em: <http://www.planalto.gov.br/ccivil_03/leis/l7783.HTM>. Acesso em: 11 maio 2021.

BRASIL. Lei n. 7.998, de 11 de janeiro de 1990. **Diário Oficial da União**, Poder Legislativo, Brasília, DF, 12 jan. 1990c. Disponível em: <http://www.planalto.gov.br/ccivil_03/leis/l7998.htm>. Acesso em: 11 maio 2021.

BRASIL. Lei n. 8.036, de 11 de maio de 1990. **Diário Oficial da União**, Poder Executivo, Brasília, DF, 14 maio 1990a. Disponível em: <http://www.planalto.gov.br/ccivil_03/leis/l8036consol.htm>. Acesso em: 11 maio 2021.

BRASIL. Lei n. 8.213, de 24 de julho de 1991. **Diário Oficial da União**, Poder Executivo, Brasília, DF, 25 jul. 1991. Disponível em: <http://www.planalto.gov.br/ccivil_03/leis/l8213cons.htm>. Acesso em: 11 maio 2021.

BRASIL. Lei n. 8.650, de 20 de abril de 1993. **Diário Oficial da União**, Poder Executivo, Brasília, DF, 23 abr. 1993. Disponível em: <http://www.planalto.gov.br/ccivil_03/Leis/1989_1994/L8650.htm>. Acesso em: 11 maio 2021.

BRASIL. Lei n. 9.029, de 13 de abril de 1995. **Diário Oficial da União**, Poder Legislativo, Brasília, DF, 17 abr. 1995. Disponível em: <http://www.planalto.gov.br/ccivil_03/leis/l9029.htm>. Acesso em: 11 maio 2021.

BRASIL. Lei n. 9.504, de 30 de setembro de 1997. **Diário Oficial da União**, Poder Legislativo, Brasília, DF, 1 out. 1997. Disponível em: <http://www.planalto.gov.br/ccivil_03/leis/l9504.htm>. Acesso em: 11 maio 2021.

BRASIL. Lei n. 9.615, de 24 de março de 1998. **Diário Oficial da União**, Poder Executivo, Brasília, DF, 25 mar. 1998. Disponível em: <http://www.planalto.gov.br/ccivil_03/leis/l9615consol.htm>. Acesso em: 11 maio 2021.

BRASIL. Lei n. 9.962, de 22 de fevereiro de 2000. **Diário Oficial da União**, Poder Executivo, Brasília, DF, 23 fev. 2000a. Disponível em: <http://www.planalto.gov.br/ccivil_03/leis/l9962.htm>. Acesso em: 11 maio 2021.

BRASIL. Lei n. 9.981, de 14 de julho de 2000. **Diário Oficial da União**, Poder Legislativo, Brasília, DF, 17 jul. 2000b. Disponível em: <http://www.planalto.gov.br/ccivil_03/leis/L9981.htm>. Acesso em: 11 maio 2021.

BRASIL. Lei n. 10.220, de 11 de abril de 2001. **Diário Oficial da União**, Poder Legislativo, Brasília, DF, 12 abr. 2001. Disponível em: <http://www.planalto.gov.br/ccivil_03/leis/leis_2001/l10220.htm>. Acesso em: 11 maio 2021.

BRASIL. Lei n. 10.406, de 10 de janeiro de 2002. **Diário Oficial da União**, Poder Legislativo, Brasília, DF, 11 jan. 2002. Disponível em: <https://www.planalto.gov.br/ccivil_03/leis/2002/l10406.htm>. Acesso em: 11 maio 2021.

BRASIL. Lei n. 11.718, de 20 de junho de 2008. **Diário Oficial da União**, Poder Legislativo, Brasília, DF, 23 jun. 2008. Disponível em: <http://www.planalto.gov.br/ccivil_03/_ato2007-2010/2008/lei/l11718.htm>. Acesso em: 11 maio 2021.

BRASIL. Lei n. 12.395, de 16 de março de 2011. **Diário Oficial da União**, Poder Executivo, Brasília, DF, 17 mar. 2011a. Disponível em: <http://www.planalto.gov.br/ccivil_03/_ato2011-2014/2011/lei/l12395.htm>. Acesso em: 11 maio 2021.

BRASIL. Lei n. 12.506, de 11 de outubro de 2011. **Diário Oficial da União**, Poder Legislativo, Brasília, DF, 13 out. 2011b. Disponível em: <http://www.planalto.gov.br/ccivil_03/_ato2011-2014/2011/lei/l12506.htm>. Acesso em: 11 maio 2021.

BRASIL. Lei n. 12.984, de 2 de junho de 2014. **Diário Oficial da União**, Brasília, DF, 3 jun. 2014b. Disponível em: <http://www.planalto.gov.br/ccivil_03/_ato2011-2014/2014/lei/l12984.htm>. Acesso em: 11 maio 2021.

BRASIL. Lei n. 13.271, de 15 de abril de 2016. **Diário Oficial da União**, Poder Legislativo, Brasília, DF, 18 abr. 2016a. Disponível em: <http://www.planalto.gov.br/ccivil_03/_ato2015-2018/2016/lei/L13271.htm>. Acesso em: 11 maio 2021.

BRASIL. Lei n. 13.467, de 13 de julho de 2017. **Diário Oficial da União**, Poder Legislativo, Brasília, DF, 14 jul. 2017a. Disponível em: <http://www.planalto.gov.br/ccivil_03/_ato2015-2018/2017/lei/L13467.htm>. Acesso em: 11 maio 2021.

BRASIL. Lei n. 13.874, de 20 de setembro de 2019. **Diário Oficial da União**, Poder Executivo, Brasília, DF, 20 set. 2019a. Disponível em: <http://www.planalto.gov.br/ccivil_03/_ato2019-2022/2019/lei/L13874.htm>. Acesso em: 11 maio 2021.

BRASIL. Lei n. 14.117, de 8 de janeiro de 2021. **Diário Oficial da União**, Poder Legislativo, Brasília, DF, 11 jan. 2021a. Disponível em: <http://www.planalto.gov.br/ccivil_03/_Ato2019-2022/2021/Lei/L14117.htm>. Acesso em: 11 maio 2021.

BRASIL. Ministério do Trabalho e Previdência Social. Portaria n. 3.214, de 8 de junho de 1978. **Diário Oficial da União**, Brasília, DF, 8 jun. 1978b. Disponível em: <http://www.guiatrabalhista.com.br/legislacao/portaria_mte3214.htm>. Acesso em: 11 maio 2021.

BRASIL. Subsecretaria de Inspeção do Trabalho. **Norma Regulamentadora n. 15.** 22 out. 2020a. Disponível em: <https://www.gov.br/trabalho/pt-br/inspecao/seguranca-e-saude-no-trabalho/ctpp-nrs/norma-regulamentadora-no-15-nr-15>. Acesso em: 11 maio 2021.

BRASIL. Subsecretaria de Inspeção do Trabalho. **Norma Regulamentadora n. 17.** 22 out. 2020b. Disponível em: <https://www.gov.br/trabalho/pt-br/inspecao/seguranca-e-saude-no-trabalho/ctpp-nrs/norma-regulamentadora-no-17-nr-17>. Acesso em: 11 maio 2021.

BRASIL. Supremo Tribunal Federal. Recurso Extraordinário (RE) 477.554. Relator: Celso de Mello. **Diário da Justiça Eletrônico**, 26 ago. 2011e.

BRASIL. Supremo Tribunal Federal. Súmula n. 195, de 13 de dezembro de 1963. **Diário da Justiça**, 13 dez. 1963. Disponível em: <http://stf.jus.br/portal/jurisprudencia/menuSumarioSumulas.asp?sumula=3298>. Acesso em: 11 maio 2021.

BRASIL. Supremo Tribunal Federal. **Súmula vinculante n. 4.** Disponível em: <http://www.coad.com.br/busca/detalhe_16/2212/Sumulas_e_enunciados>. Acesso em: 11 maio 2021c.

BRASIL. Tribunal Superior do Trabalho. **Súmula n. 443**, 2012d. Disponível em: <https://www3.tst.jus.br/jurisprudencia/Sumulas_com_indice/Sumulas_Ind_401_450.html>. Acesso em: 31 maio 2021.

BRASIL. Tribunal Superior do Trabalho. Processo n. TST-Ag-RR-12061-14.2016.5.03.0036. Relator: Alexandre de Souza Agra Belmonte. 3ª Turma. **Diário Eletrônico da Justiça do Trabalho**, 12 fev. 2021d. Disponível em: <http://aplicacao5.tst.jus.br/consultaDocumento/acordao.do?anoProcInt=2019&numProcInt=35523&dtaPublicacaoStr=12/02/2021%2007:00:00&nia=7588096>. Acesso em: 11 maio 2021.

BRASIL. Tribunal Superior do Trabalho. Processo n. TST-AIRR-10492-78.2018.5.15.0066. Relator: Dora Maria da Costa. 8ª Turma. **Diário Eletrônico da Justiça do Trabalho**, 18 dez. 2020c. Disponível em: <http://aplicacao5.tst.jus.br/consultaDocumento/acordao.do?anoProcInt=2020&numProcInt=235607&dtaPublicacaoStr=18/12/2020%2007:00:00&nia=7582877>. Acesso em: 11 maio 2021.

BRASIL. Tribunal Superior do Trabalho. Processo n. TST-AIRR-10575-88.2019.5.03.0003. Relator: Alexandre Luiz Ramos. **Diário Eletrônico da Justiça do Trabalho**, 11 nov. 2020d. Disponível em: <http://aplicacao5.tst.jus.br/consultaDocumento/acordao.do?anoProcInt=2020&numProcInt=10851&dtaPublicacaoStr=11/09/2020%2007:00:00&nia=7530625>. Acesso em: 11 maio 2021.

BRASIL. Tribunal Superior do Trabalho. Processo n. TST-AIRR-1452-77.2016.5.10.0811. Relator: José Roberto Freire Pimenta. 2ª Turma. **Diário Eletrônico da Justiça do Trabalho**, 13 nov. 2020e. Disponível em: <http://aplicacao5.tst.jus.br/consultaDocumento/acordao.do?anoProcInt=2019&numProcInt=43484&dtaPublicacaoStr=13/11/2020%2007:00:00&nia=7563420>. Acesso em: 11 maio 2021.

BRASIL. Tribunal Superior do Trabalho. Processo n. TST-ARR-640-34.2011.5.09.0004. Relator: Walmir Oliveira da Costa. 1ª Turma. **Diário Eletrônico da Justiça do Trabalho**, 23 nov. 2018b. Disponível em: <http://aplicacao5.tst.jus.br/consultaDocumento/acordao.do?anoProcInt=2013&numProcInt=114613&dtaPublicacaoStr=23/11/2018%2007:00:00&nia=7263280>. Acesso em: 11 maio 2021.

BRASIL. Tribunal Superior do Trabalho. Processo n. TST-ARR-45000-72.2010.5.17.0002. Relator: Aloysio Corrêa da Veiga. 6ª Turma. **Diário Eletrônico da Justiça do Trabalho**, 6 dez. 2013a. Disponível em: <http://aplicacao5.tst.jus.br/consultaDocumento/acordao.do?anoProcInt=2013&numProcInt=126420&dtaPublicacaoStr=06/12/2013%2007:00:00&nia=5985220>. Acesso em: 11 maio.

BRASIL. Tribunal Superior do Trabalho. Processo n. TST-RR-183-55.2017.5.09.0662. Relator: Delaíde Miranda Arantes. 2ª Turma. **Diário Eletrônico da Justiça do Trabalho**, 13 nov. 2020f. Disponível em: <http://aplicacao5.tst.jus.br/consultaDocumento/acordao.do?anoProcInt=2020&numProcInt=202619&dtaPublicacaoStr=13/11/2020%2007:00:00&nia=7563054>. Acesso em: 11 maio 2021.

BULGARELLI, W. **Tratado de direito empresarial**. 4. ed. São Paulo: Atlas, 2000.

CASSAR, V. B. **Direito do trabalho**. 15ª ed. rev. e atual. Rio de Janeiro: Forense; São Paulo: Método, 2018a.

CASSAR, V. B. **Resumo de direito do trabalho**. 7ª ed. rev. e atual. Rio de Janeiro: Forense; São Paulo: Método, 2018b.

CAVALCANTE, J. de Q. P.; JORGE NETO, F. F. **O empregado público**. São Paulo: LTr, 2002.

DALAZEN, J. O. Aspectos do dano moral trabalhista. In: ROMAR, C. T. M.; SOUSA, O. A. R. de. (Coord.). **Temas relevantes de direito material e processual do trabalho**. Estudos em homenagem ao Professor Pedro Paulo Teixeira Manus. São Paulo: LTr, 2000. p. 594-598.

DEJOURS, C. **A loucura do trabalho**: estudo de pscicopatologia do trabalho. Tradução de Ana Isabel Paraguay e Lúcia Leal Ferreira. 5. ed. ampliada. São Paulo: Cortez; Oboré, 2011.

DEJOURS, C.; BÈGUE, F. **Suicídio e trabalho**. O que fazer? Tradução de Franck Soudant. Brasília: Paralelo 15, 2010.

DELGADO, M. G. **Curso de direito do trabalho**. 16. ed. rev. e ampl. São Paulo: LTr, 2017.

FARIA, J. H. de. **Gestão participativa**: relações de poder e de trabalho nas organizações. São Paulo: Atlas, 2009.

FOUCAULT, M. **Vigiar e punir**: nascimento da prisão. Tradução de Raquel Ramalhete. 19. ed. Petrópolis: Vozes, 1999.

FINCATO, D. P.; FRANK, M. S. Bring Your Own Device (Byod) e suas implicações na relação de emprego: reflexões práticas. **Revista Eletrônica do TRT da 9ª Região**, v. 9 (Direito à desconexão), n. 89, p. 66-82, jun. 2020. Disponível em: <http://www.mflip.com.br/pub/escolajudicial/?numero=89&edicao=11379#page/66>. Acesso em: 11 maio 2021.

GOMES, D. G. P. **Direito do trabalho e dignidade da pessoa humana, no contexto da globalização econômica**: problemas e perspectivas. São Paulo: LTr, 2005.

GOMES, O.; GOTTSCHALK, E. **Curso de direito do trabalho**. 4. ed. rev. e atual. Rio de Janeiro: Forense, 1995.

JORGE NETO, F. F.; CAVALCANTE, J. de Q. P. **Manual de direito do trabalho**. 2. ed. Rio de Janeiro: Lumen Juris, 2004. Tomo II.

LEÃO XIII, Papa. **Rerum Novarum**. Vaticano: Libreria Editrice Vaticana, 1891. Disponível em: <http://www.vatican.va/content/leo-xiii/pt/encyclicals/documents/hf_l-xiii_enc_15051891_rerum-novarum.html>. Acesso em: 11 maio 2021.

LEITE, C. H. B. **Curso de direito do trabalho**. 9. ed. São Paulo: Saraiva, 2018.

LEITE, C. H. B. **Curso de direito do trabalho**. 12. ed. São Paulo: Saraiva, 2020.

LEITE, C. H. B. **Curso de direito do trabalho**. 13. ed. São Paulo: Saraiva, 2021.

LIMA, F. M. M. de; LIMA, F. P. R. M. de. **Reforma Trabalhista**: entenda ponto por ponto. São Paulo: LTr, 2017.

MANDALOZZO, S. S. N. Poder do empregador × subordinação do empregado: um equilíbrio necessário. In: GUNTHER, L. E.; SANTOS, W. F. L. dos; GUNTHER, N. G. da S. (Coord.). **Tutela dos direitos da personalidade na atividade empresarial**. Curitiba: Juruá, 2010. v. 3. p. 483-497.

MARTINEZ, L. **Curso de direito do trabalho**. 9. ed. São Paulo: Saraiva, 2018.

MARTINS, S. P. **Direito do trabalho**. 21. ed. São Paulo: Atlas, 2005.

MARTINS, S. P. **Terceirização no direito do trabalho**. 14. ed. São Paulo: Saraiva, 2017.

MESQUITA, L. J. de. **Direito disciplinar do trabalho**. 2. ed. São Paulo: LTr, 1991.

MORRISON, W. **Filosofia do direito**: dos gregos ao pós-modernismo. Tradução de Jefferson Luiz Camargo. São Paulo: M. Fontes, 2006.

MULHER negra é resgatada em casa de família em MG em condições análogas à escravidão. **Folha de S. Paulo**, 21 dez. 2020. Disponível em: <https://www1.folha.uol.com.br/mercado/2020/12/mulher-negra-e-resgatada-em-casa-de-familia-em-mg-em-condicoes-analogas-a-escravidao.shtml>. Acesso em: 11 maio 2021.

NASCIMENTO, A. M. **Curso de direito do trabalho**. 12. ed. São Paulo: Saraiva, 1996.

NASCIMENTO, A. M.; NASCIMENTO, S. M. **Iniciação ao direito do trabalho**. 41. ed. São Paulo: LTr, 2018.

OAB – Ordem dos Advogados do Brasil. **XXV Exame de Ordem Unificado**: tipo 1 – branca. FGV, 8 abr. 2018. Disponível em: <https://oab.fgv.br/arq/628/1299791_CADERNO_TIPO_1_XXV_EXAME.pdf>. Acesso em: 11 maio 2021.

OAB – Ordem dos Advogados do Brasil. **XXVIII Exame de Ordem Unificado**: tipo 1 – branca. FGV, 17 mar. 2019a. Disponível em: <https://oab.fgv.br/arq/631/1338368_CADERNO_TIPO_1_XXVIII_EXAME%20-%20ENVIO.pdf>. Acesso em: 11 maio 2021.

OAB – Ordem dos Advogados do Brasil. **XXIX Exame de Ordem Unificado**: tipo 1 – branca. FGV, 30 jun. 2019c. Disponível em: <https://oab.fgv.br/arq/632/831410_CADERNO_TIPO_1_XXIX__EXAME%20-%20ENVIO3.pdf>. Acesso em: 11 maio 2021.

OAB – Ordem dos Advogados do Brasil. **XXX Exame de Ordem Unificado**: tipo 1 – branca. FGV, 20 out. 2019b. Disponível em: <https://s.oab.org.br/arquivos/2019/10/5d1e94ef-83ee-4506-a2e9-38c62c98a8d1.pdf>. Acesso em: 11 maio 2021.

OAB – Ordem dos Advogados do Brasil. **XXXI Exame de Ordem Unificado**: tipo 1 – branca. FGV, 9 fev. 2020. Disponível em: <https://oab.fgv.br/arq/634/1063219_OAB201%20Advogado%20(ADVG)%20Tipo%201.pdf>. Acesso em: 11 maio 2021.

OIT – Organização Internacional do Trabalho. **Convenção 111**: discriminação em matéria de emprego e ocupação. Disponível em: <https://www.ilo.org/brasilia/convencoes/WCMS_235325/lang--pt/index.htm>. Acesso em: 11 maio 2021a.

OIT – Organização Internacional do Trabalho. **Convenção 158**: término da relação de trabalho por iniciativa do empregador. Disponível em: <https://www.ilo.org/brasilia/convencoes/WCMS_236164/lang--pt/index.htm>. Acesso em: 11 maio 2021b.

OLIVEIRA, S. G. de. O dano extrapatrimonial trabalhista após a Lei n. 13.467/2017. **Revista Eletrônica do TRT da 9ª Região**, v. 8 (Dano extrapatrimonial), n. 76, p. 17-52, mar. 2019. Disponível em: <http://www.mflip.com.br/pub/escolajudicial/?numero=76&edicao=11042>. Acesso em: 7 fev. 2021.

OPAS – Organização Pan-Americana de Saúde. **Folha informativa sobre Covid-19**. Disponível em: <https://www.paho.org/pt/covid19>. Acesso em: 11 maio 2021.

PARANÁ. Tribunal Regional do Trabalho da 9ª Região. Processo n. TRT-RO-03870.2014.872.09.00.4. Relator: Benedito Xavier da Silva. 7ª Turma. **Diário Eletrônico da Justiça do Trabalho**, 21 jun. 2016.

PARANÁ. Tribunal Regional do Trabalho da 9ª Região. Processo n. RO-16264.2015.652.09.00.9. Relator: Benedito Xavier da Silva. 7ª Turma. **Diário Eletrônico da Justiça do Trabalho**, 19 mar. 2019.

PARANÁ. Tribunal Regional do Trabalho da 9ª Região. Processo n. TRT-ROPS-02628.2009.069.9.00.8. Relator: Sueli Gil El-Rafihi. 4ª Turma. **Diário Eletrônico da Justiça do Trabalho**, 5 out. 2010.

PARANÁ. Tribunal Regional do Trabalho da 9ª Região. Processo n. TRT-RORSum-0000115-38.2020.5.09.0133. Relator: Rosemarie Diedrichs Pimpão. 7ª Turma. **Diário Eletrônico da Justiça do Trabalho**, 2 fev. 2021. Disponível em: <https://pje.trt9.jus.br/consultaprocessual/detalhe-processo/0000115-38.2020.5.09.0133/2>. Acesso em: 11 maio 2021.

PAVELSKI, A. P. Relação de emprego e direitos de personalidade: por um emprego digno. In: GUNTHER, L. E. (Coord.). **Tutela dos direitos da personalidade na atividade empresarial**. Curitiba: Juruá, 2009. v. 1. p. 9-24.

PEREIRA, C. M. da S. **Instituições de direito civil**: direitos reais – posse, propriedade, direitos reais de fruição, garantia e aquisição. 12. ed. Rio de Janeiro: Forense, 1995. v. IV.

PLÁ RODRIGUEZ, A. **Princípios de direito do trabalho**. 3. ed. atul. São Paulo: LTr, 2000.

RESENDE, R. **Direito do trabalho**. Rio de Janeiro: Forense; São Paulo: Método, 2020.

RIZZARDO, A. **Direito das coisas**. Rio de Janeiro: Aide, 1991. v. I.

SILVA, A. Á. da. **Cogestão no estabelecimento e na empresa**. São Paulo: LTr, 1991.

SOUTO MAIOR, J. L. **História do direito do trabalho no Brasil**: curso de direito do trabalho. São Paulo: LTr, 2017. v. I. Parte II.

VIANNA, C. S. V. **Manual prático das relações trabalhistas**. 12. ed. São Paulo: LTr, 2014.

WANDELLI, L. V. **Despedida abusiva**. São Paulo: LTr, 2004.

WEIL, S. **A condição operária e outros estudos sobre a opressão.** Tradução de Therezinha G. G. Langlada. Rio de Janeiro: Paz e Terra, 1996.

ZEMPULSKI, T. L. **As violações da privacidade e intimidade do empregado tendo em vista o Marco Civil da Internet.** Dissertação (Mestrado em Direito Empresarial e Cidadania) – Unicuritba, Curitiba, 2014.

Respostas

Capítulo 1
1. a
2. a

Capítulo 2
1. b
2. c

Capítulo 3
1. a
2. d
3. b

Capítulo 4
1. b
2. c
3. d
4. d
5. a
6. b

Capítulo 5
1. c
2. c

Capítulo 6
1. a
2. a
3. c

Sobre a autora

Tatiana Lazzaretti Zempulski é graduada em Direito pela Universidade Estadual de Ponta Grossa (UEPG), mestre em Direito Empresarial e Cidadania pelo Centro Universitário Curitiba (Unicuritiba) e especialista em Direito do Trabalho pela Pontifícia Universidade Católica do Paraná (PUC-PR), tendo se aperfeiçoado em Direito do Trabalho e Processual do Trabalho na Sapienza Università di Roma. É professora convidada da especialização em Direito e Processo do Trabalho da Academia Brasileira de Direito Constitucional (ABDConst), professora adjunta na graduação em Direito da UniOpet, assim como docente da graduação em Direito do Centro Universitário Internacional Uninter. Também atua como advogada especialista em Direito do Trabalho.

Os papéis utilizados neste livro, certificados por instituições ambientais competentes, são recicláveis, provenientes de fontes renováveis e, portanto, um meio **respons**ável e natural de informação e conhecimento.

FSC
www.fsc.org
MISTO
Papel produzido a partir de fontes responsáveis
FSC® C103535

Impressão: Reproset
Fevereiro/2023